Caminhando com o Tigre
Transcendendo a arte marcial

Cia. dos Livros

Rua Néa, n. 79 – Vila Ré
São Paulo - SP
03662-000

www.editoraciadoslivros.com.br
editorial@editoraciadoslivros.com.br

Prof. Shihan Marcelo T. F. Silva

Caminhando com o Tigre

São Paulo
Cia dos Livros 2010

CAMINHANDO COM O TIGRE

Copyright © 2010 by Marcelo T. F. Silva

Coordenação Editorial
Editora Cia dos Livros

Copydesk
Ana Paula Marques Falcão

Revisão
Albenice Palmejane
Cinthya Nunes Vieira da Silva

Projeto Gráfico e Diagramação
Ana Paula Marques Falcão

Capa
Alexandre Roberto Rodrigues

Todos os direitos reservados.
É proibida a reprodução total ou parcial deste livro, por qualquer meio, sem autorização prévia e por escrito da editora.

Dados Internacionais de Catalogação na Publicação (CIP)
(Câmara Brasileira do Livro, SP, Brasil)

Silva, Shihan Marcelo T. F.
    Caminhando com o tigre / Shihan Marcelo T. F. Silva.
- 2ª edição revisada e ampliada.- São Paulo : Cia. dos Livros, 2010.

1. Aikidô 2. Artes marciais - Japão - Filosofia 3. Diários 4. Japão - Descrição e viagens I. Título.

10-05695   CDD-910.4

Índices para catálogo sistemático:
1. Diários de viagens 910.4
2. Narrativas de viagens 910.4

O Missogui de Massanao Ueno Sensei

Sumário

Prefácio 9

Agradecimentos 11

Apresentação 13

Primeira Viagem - 1995 17
Segunda Viagem - 1997 147
Terceira Viagem - 1999 161
2001 a 2003 183

EPÍLOGO 183

Glossário 193

Prefácio

Surpreso com as inúmeras e profundas críticas relacionadas à 1ª. edição do livro – Caminhando com o Tigre, Transcendendo a Arte Marcial – não pude conter minha emoção, por ter tocado tão profundamente aos leitores ligados ou não às artes marciais, mas que me proporcionaram novamente emoções muito fortes.

Muitos se transportaram para o íntimo dos escritos, como personagens, outros ainda puderam relembrar suas histórias pessoais nas experiências relacionadas à cultura nipônica, ou mesmo nas suas jornadas pessoais de vida.

Tive o privilégio então de "sentir" que, transmitir essas emoções e situações desta minha experiência de transcendência, fora o motivo que atingiu aos leitores de maneira simbiótica...

O resultado foi o esgotamento da 1ª.edição em poucas semanas...

Esta experiência identificadora com Massanao Ueno sensei, meu mestre de Aikidô, os leitores solicitaram mais fotos destes três períodos que convivi em sua companhia, porém a qualidade das imagens não foi satisfatória para a inclusão nesta nova edição. Contudo, para melhorar compreensão dos termos japoneses, criei um glossário para que o leitor se oriente e possa acompanhar o significado das expressões com mais praticidade.

Assim, nesta 2ª. edição, a intenção permanece em fazer que ao ler as linhas e os diálogos, as sensações e sentimentos ultrapassem os limites da razão, e traga uma identificação com a sincronicidade do caminho da vida, das experiências pessoais e da arte marcial.

Tenham uma ótima leitura!

Prof. Shihan Marcelo Tadeu Fernandes Silva

AGRADECIMENTOS

Sem a consciência da existência de Deus, não poderia ter consciência das pessoas que contribuíram para que este trabalho pudesse ser realizado...

Aos,
Meus pais genitores,
Meus pais que me acolheram,
Meus irmãos de sangue.
Meus irmãos de espírito,
Meus professores que me ensinaram,
Meus mestres que me formaram,
Meus alunos aos quais ensino,
Meus discípulos com quem partilho.
Às minhas grandes paixões,
À minha amada esposa,
Meus lindos filhos,
Aos que considero como filhos.
À minha pátria,
Ao país que aprendi a amar - o Japão,
e, finalmente a vida, que faz acreditar que somos todos fonte do mesmo espírito.

Obrigado.

Apresentação

Quem foi Massanao Ueno Sensei e qual sua importância para o Aikidô brasileiro?

Iniciei a prática do aikidô há quatorze anos e as respostas para a pergunta acima eram insatisfatoriamente respondidas através dos relatos dos colegas aikidoístas, privilegiados por terem treinado com Ueno Sensei, e dos escritos nos livros especializados. Até hoje seu nome permeia como figura mítica na melhor tradição oral, o que coloca em risco o componente humano tão importante para a nossa compreensão do Budô ao transformá-lo em um ídolo.

Apesar de iniciante na arte do Aikidô, estou na estrada da prática de artes marciais há quarenta e sete anos. Durante trinta e três anos, treinei judô de forma contínua e optei pela mudança para outra arte marcial diferente na forma, porém, muito parecida no conteúdo, ambas originárias do Japão contemporâneo na melhor tradição do jiujitsu e trazendo em sua essência o motivo de praticá-las até hoje: o Budô.

Minha intenção, na época, foi procurar um local geograficamente prático para os treinos e uma associação de aikidô que tivesse contato com Ueno Sensei no período em que esteve no Brasil e que, de preferência, se mantivesse ligado a ele. Foi nesse momento que conheci o sensei e amigo Marcelo T. F. Silva, que coincidentemente havia voltado da sua primeira viagem ao Japão.

Ao entrar em contato pela primeira vez com aquele jovem de vinte oito anos percebi que encontrara um talento raro e uma pessoa especial na prática e ensino das artes marciais e que havia tido um contato muito íntimo com Ueno Sensei. Era exatamente o que eu procurava e não perderia a oportunidade, esta que me trouxe até aqui hoje.

Em todas as demais viagens, neste livro relatadas, já estava treinando aos cuidados de Sensei Marcelo e pude acompanhar sua intensa experiência, até que perdemos a última chance de conhecer e treinar com Ueno Sensei, vitimado por uma doença fatal.

Escrever livros sobre artes marciais é uma tarefa árdua, pois o sentido do aprendizado passa exclusivamente pelo treino diário e as possíveis explicações técnicas transmitidas somente no "aqui e agora" da prática. Existem bons livros nacionais e internacionais sobre Aikidô, porém, há uma lacuna, havendo poucos relatos das experiências pessoais da relação entre mestre e discípulo, o que pode acrescentar aspectos importantes da vivência humana e que faltam às vezes no aprendizado técnico.

Marcelo Sensei possui a chancela para preencher essa lacuna, pois esteve, várias vezes, na intimidade da vida de Ueno Sensei, inclusive convivendo com seus familiares, esposa e filho, além de consolidar em nossa atual academia a tutela e as normas da Associação Takemussu Kai japonesa, fundada por Suzuki Sensei, de orientação xintoísta, a qual Ueno Sensei tanto fez questão que nossa associação se mantivesse fiel. Esse vínculo culminou na graduação de Marcelo Sensei ao título de

Shihan da Takemussu Kai japonesa no Brasil, no início de 2010. Finalmente, o autor deste livro possui metodologia pedagógica de excelência, professor graduado de Educação Física pelas Faculdades Metropolitanas Unidas (FMU) e atualmente professor da graduação dessa mesma instituição, ministrando aulas em um curso regular de artes marciais, dando a sua prosa um caráter mais preciso e rigoroso, sem perder a intimidade da experiência fascinante e única que foi "Caminhando com o Tigre".

Luis Miguel Melero Sancho
Sandan em Aikidô pela Takemussu Kai

Primeira Viagem - 1995

CAMINHANDO COM O TIGRE

"Manter a disciplina"
Primeiro lema do aikidô ensinado por
Ueno Sensei aos alunos brasileiros.

No primário, tive um colega de classe chamado Aldo, descendente de japoneses. Sempre muito calado e aparentemente tímido, ele se abstinha de qualquer comentário durante as aulas, mesmo diante de dúvidas sobre a matéria ou do desejo de acertar uma conta de dividir apresentada pela professora aos alunos "ferinhas" de plantão.

Eu, já bem mais espontâneo e irrequieto, olhava aquele tipo meio "indiferente aos que lhe observavam", na ânsia de pelo menos ouvir um suspiro dele.

Certo dia durante o intervalo, decidi quebrar o gelo e convidá-lo para uma partida de futebol de tampinha de garrafa.

- Quer jogar?

Após um momento de silêncio, piscando algumas vezes os apertados olhos, ele aceitou o desafio.

- Tudo bem...

Durante a nossa entusiasmadíssima partida, o japonês, que era muito bom de bola de tampinha, foi conquistando a minha simpatia e, a partir deste momento, eu o queria sempre no meu time.

O nosso colaguismo foi se estreitando e, em pouco tempo, eu estava frequentando a casa dele.

Numa ocasião, a mãe dele gentilmente me convidou para almoçar. Ofereceu-me uma bebida chamada Amaizaquê[1]. No primeiro gole, quase devolvi tudo ao copo, com tamanha gentileza e sendo servido em tão belo copo, fiquei preocupado em causar má impressão. Meu

---

1 Bebida feita do resíduo da fermentação do arroz.

esforço foi compensado no dia seguinte, tão logo eu soube que a mãe de Aldo comentou que eu era um garoto muito educado e que era raro encontrar um não-japonês que aceitasse um almoço, experimentando seus diversos quitutes, sem fazer cara feia. O que ela não poderia imaginar é que só voltaria a comer especiarias orientais após longos anos daquele ocorrido.

Acordei às 07h30. Levantei da cama e fui direto ao banheiro fazer minha higiene matinal. Lavei meu rosto com água fria e despertei. Naquele instante, só pensava em não esquecer nenhum detalhe daquela que seria a minha primeira viagem para o exterior. Era um presente dos meus professores de Aikidô do Brasil, pela minha graduação em Educação Física e pelos cinco anos de prática e dedicação. De acordo com eles, um empenho raramente encontrado em jovens de 24 anos de idade...

Eu sentia e sabia que a vida me destinara esta viagem. Uma Trip tão diferente das Trips de Surf. Um lugar além dos meus mais ousados objetivos: O País do Sol Nascente - O Japão.

Minha mente estava mergulhada em pensamentos... Durante um ano e meio, estudei a Língua Japonesa. Precisava, ao menos, agradecer corretamente e não dar nenhuma mancada. Recebi instruções da minha sensei de nihongo[2], Maria, sobre a ética naquele país, de importância salutar, e estava atento àquela realidade.

Tomei uma vitamina de laranja com dois ovos, voltei ao meu quarto e dei uma bela arrumada, visualizando a foto da Potira na estante. Cobri a escrivaninha com um lençol batido, peguei a bike e fiz um longo roteiro para deixar tudo resolvido na minha ausência. Banco, agradecimento à Dona Kazuko, diretora da escola Roberto Norio, que

2   A língua Japonesa

facilitou e muito a liberação do meu visto no Consulado (não foi nada fácil consegui-lo), compras de lembranças brasileiras para os futuros amigos que a viagem me reservava e cachaça! Dois litros de cachaça para o tão comentado Ueno Sensei...

No dia anterior, após o treino, meus professores me ofereceram uma festinha de despedida, em um boteco. Todos falavam das inusitadas passagens dos treinos e, principalmente, dos Biro-dô, o "caminho da cerveja", no termo criado pelo próprio Ueno sensei. Nestes momentos, várias revelações da arte e ensinamentos de vida eram transmitidos, embora muitos, ainda que "alunos", não compreendiam o verdadeiro sentido de suas palavras. Anos mais tarde pude entender o porquê.

Naquela época, meus professores de Aikidô contavam sobre várias passagens de Ueno sensei, na década de 80, quando desembarcou no Brasil com o objetivo de fundar um templo Xintoísta na capital paulista.

Embora estivesse mais preocupado em desembarcar no aeroporto, após 24 horas de vôo, uma grande ansiedade me acompanhava, pois eu encontraria aquela figura citada com tamanho saudosismo e respeito pelos professores do Brasil, ao qual deixara uma tamanha influência aqui.

Escutei conversas entre os antigos faixas pretas, inclusive de outras academias, e eram unânimes: "Existem duas fases do Aikidô no Brasil: antes de Massanao Ueno e depois de Massanao Ueno".

Almocei na casa de meu padrinho, o Ré. Conversando com seu filho, Helder, lembramos de quando íamos ao cinema assistir os filmes de Steven Seagall, por três sessões seguidas. Ele praticava Karatê, e influenciou na minha decisão de praticar Aikidô. Ele era um

"amigo irmão"...
Logo meu "padinho", o Ré, chegou com aquele sorriso sempre acolhedor e paternal. Nunca encontrei em nenhum outro homem tanta coragem e espiritualidade. No ginásio, na escola estadual, ele catequizava jovens, muitos deles à beira da delinquência, como era meu caso. Eu o encarava com gratidão.
Almoçamos todos juntos, saboreando o tempero da deliciosa comida de sua esposa, a tia Rose. Conversávamos sobre minha mais vibrante aventura! A ansiedade já tomava conta do meu sangue...
Voltei pra casa, chequei novamente a bagagem, tomei banho e aguardei a minha professora que se ofereceu para me levar até a empresa de turismo. De lá um funcionário me levaria de Kombi até o aeroporto de Cumbica, acelerando assim o Chek-in.
Minha mãe, como em todas às vezes que se sentia ameaçada, resolveu arrumar um pretexto para discussão, uma semana antes da minha viagem, o que resultou em uma semana sem diálogo. Incomodado com a situação, escrevi para ela um bilhete que dizia:

"Mãe, fui para o Japão. Mando notícias. Não se preocupe. Se eu ficar lá por mais tempo, te mando dinheiro. A Potira passará aqui entre o dia 5 e 10 para pagar as contas de casa. Deixei o dinheiro com ela. Se houver problemas, telefone pra ela. Fiquei chateado por você não falar comigo, mas tudo bem... Seu filho, Marcelo."

Com a chegada da professora Cecília, tomamos um banchá e conversamos sobre o Ueno sensei. Senti sua imensa alegria pelo fato de que eu o encontraria. Era como se ela estivesse viajando comigo.
O percurso de casa até a empresa de turismo durou cerca de vinte minutos. Era sexta-feira e o trânsito em São Paulo estava, obviamente, terrível. Chegamos, e Dona Kazuko - da empresa de

turismo - logo veio nos receber desejando boa sorte na viagem. Despedi-me da professora e segui com o Sr. Kitazawa para o aeroporto.

Por volta das 20h30 estávamos no aeroporto seguindo direto para a Asa 1, onde estava localizado o guichê JAL, já lotado de pessoas, em sua maioria, descendentes de japoneses, em busca de uma vida melhor no Japão. Minhas bagagens foram despachadas e, para variar, com a tensão a fome apertou. Outro funcionário da empresa de turismo, gentilmente, acompanhou-me até uma lanchonete e lá eu devorei três pães de queijo e dois sucos de uva. Com a fome saciada, a expectativa de encontrar a Potira me acalentava. Uma adrenalina indescritível me dominava ao observar a fila de embarque cada vez maior e constatar que faltava pouco mais de uma hora para que eu embarcasse. Sentei-me em um banco próximo ao portão de embarque e lembrei-me de que dentro de minha bagagem de mão (uma mochila azul) havia uma pequena Bíblia, a qual meu padrinho Ré sugeriu ler sempre nestes momentos, mais especificamente, o Salmo 9: "O pobre não ficará frustrado".

Levantei-me e, compenetrado, fui dar mais uma volta no aeroporto.

A ansiedade tomava conta de mim. Ainda por uns vinte minutos permaneci ali com uma estranha sensação de vazio, de impotência, de solidão... Mas não era algo ruim, ao contrário, era um sentimento de satisfação plena, como se, apesar da falta das pessoas, algo ou alguém estivesse por perto. Meu coração se acalmou e rezei em profunda gratidão.

Ela chegou junto com seu irmão, logo depois, e fomos direto tomar um chopp de despedida.

Por volta das 23h00, seguimos para a plataforma de embarque e nos despedimos.

Com apenas uma mochila nas costas, recheada com dicionários

da língua japonesa, algumas anotações das aulas de nihongo e uma máquina fotográfica, deparei-me com centenas de pessoas, a maioria de dekasseguis[3], que aguardavam ansiosamente diante do majestoso avião, o aviso de embarque.

Por volta da 23h50, uma fila inquieta se formou e logo eu estava sentado bem próximo do bico do avião, do lado da janela. O assento era um pouco estreito e imaginei que, caso eu tivesse mais uns dez quilos, teria 24 horas de sufoco nestas condições. Sensibilizei-me, assim, e com todos que, um pouco ou muito acima do peso, estavam naquele vôo.

As instruções de segurança foram transmitidas no telão, localizado na parte superior direita, em inglês, japonês e português! Ufa! Minha língua pátria! Acomodei-me e apertei o cinto.

Enquanto o avião era manobrado para a partida, olhei pela janela e observei um auxiliar de pista acenando "adeus", como se conhecesse o sentimento de muitos ali, na busca de uma vida melhor ou mesmo um pouco de emoção, como era o meu caso. A aeronave parou por uns instantes e, repentinamente, acelerou. Em poucos segundos estávamos voando! Neste instante, um coro quase uníssono gritou com tom de esperança e nervosismo: "Bye, Bye, Brasil!". Pude apenas me lembrar que, apesar de todas as dificuldades que passei na vida até aquele momento, minha condição era, no mínimo, mais cômoda se comparada com os demais passageiros, afinal, não tinha nesta viagem expectativas financeiras ou um sério compromisso, mas apenas a vontade de conhecer e sentir uma atmosfera completamente nova. Rezei e agradeci mais uma vez.

Logo comissárias impecáveis começaram a servir drinques e, pensando na fama de Ueno sensei como admirador de Saquê, <u>escolhi a tal</u> bebida destilada de arroz. Tomei umas sete doses

---

3 Significado literário: "trabalhando distante de casa", designando qualquer pessoa que deixa sua terra natal para trabalhar temporariamente em outra região ou país.

enquanto jantava. Sentindo-me satisfeito e com a sensação de estar flutuando, bem diferente de estar voando, tentei pegar no sono, sem sucesso. O assento era realmente muito desconfortável. Virava para o lado direito, depois para o esquerdo, colocava as pernas pra cima, para o lado, ficava encolhido, esticado, contraído, relaxado, contando carneirinhos e nada de dormir!

No meio da madrugada e inconformado por não adormecer, fui surpreendido por um desarranjo intestinal seguido de um súbito acesso de gases que logo passaram a incomodar meu querido vizinho de poltrona, acordando-o de seu belo sono.

Discretamente, pedi licença para ir ao banheiro mais próximo, no intuito de tentar diminuir minha crise aérea de flatulência...

Ao me levantar, senti o calor do saquê japonês. O avião parecia estar fazendo vários loopings em câmera lenta e a vontade de vomitar a cada movimento era impressionante!

Fui cambaleando para o banheiro. Deparei-me com aquela porta a qual eu não tinha a menor ideia de como abrir! Uma das comissárias de bordo que passava por ali, gentilmente e com um toque suave, liberou a entrada. Em segundos, entrei e me deparei com um grande espelho ocupando um dos lados do ridículo espaço com vaso sanitário, pia e armários embutidos. Passei a trava na porta e encarei meu real e grave estado através da imagem pálida refletida no espelho. Sentia o suor frio escorrendo pela minha testa e axilas, enquanto tremores incontroláveis percorriam meu corpo. Pensei no quão desagradável seria Ueno Sensei receber do Brasil um defunto novinho em folha, sem ao menos testar minhas habilidades ou conhecer um pouco da minha pessoa...

- Cara, tô morrendo! – exclamei a mim mesmo.

Ajoelhado no chão, abraçado ao vaso sanitário, vomitei todo o jantar, o saquê e tudo o que tinha ingerido nas últimas 12 horas. Por fim, alívio! Lavei o rosto inúmeras vezes, escovei meus dentes e então me lembrei de que não tinha a menor ideia de como sairia daquele banheiro. Destravei a porta e tentei puxá-la para dentro e depois para fora sem sucesso. Enfiei meus dedos no buraco que supostamente serviria para abrir e nada!

- Que droga! Isso não abre! – exclamei, dando um murro, já desesperado, no centro da porta que, para minha surpresa, escancarou...

Às 07h25, horário de Tóquio, o avião sobrevoava o aeroporto de Los Angeles. Logo imaginei dias de Surf nas praias daquela costa, as "ondas perfeitas" que vi em diversas revistas estrangeiras e que me faziam sonhar. Aterrissei e segui direto para a sala de trânsito, onde aguardei para seguir viagem. Ansioso e bastante cansado, comecei a reparar em cada detalhe: nas pessoas, na atmosfera, imaginando o que cada um sentia e esperava do propósito de sua viagem e qual a história de vida pertinente a cada indivíduo ali presente... Crianças, jovens casais, executivos, times de futebol, idosos, negros, brancos... Aparências preocupadas, esperançosas, e felizes, como eu.

Então reparei em um sujeito que julguei ser funcionário terceirizado pelo aeroporto, responsável pela manutenção elétrica. O cara era um típico gringo yankee de rabo de cavalo, barba e cavanhaque bem produzidos, massudo por excesso de hambúrgueres e Coca-Cola, concentrado em seu trabalho, lembrando muito bem o baixista do grupo de heavy metal Motor Head...

Andando pela sala e melhorando minha circulação geral, preparei-me para mais 10 horas de vôo...

Finalmente, por volta das 12h30, anunciaram a aproximação do aeroporto de Narita. Senti o avião sacudir um pouco. As comissárias impressionantemente bem engomadas (eu me perguntava como isso era possível depois de 10 horas de vôo!), transitavam nos corredores distribuindo formulários alfandegários para a entrada no país do Sol Nascente e conferiam se todos tinham afivelado seus cintos.

- Caramba, cheguei do outro lado do mundo! – resmunguei, bestificado com a silhueta da ilha vista de cima, com um mar azul turquesa, banhado por uma suave névoa aparentemente quente e úmida.

A aeronave, mansamente, ziguezagueava enquanto diminuía a distância do solo, sendo possível, a partir dali, reconhecer casas, veículos e pessoas que transitavam em ritmo calmo, campos verdejantes, organizados e delimitados, que faziam contraste com telhados de cor cinza das moradias...

Os Tambos, os campos de cultivos de arroz, naquele momento revelavam pessoas com chapéus de palha típicos, curvados nas valas encharcadas, em um movimento quase ritmado, a cultura da sua principal fonte de energia, tão significativa para aquela nação, lembrada até mesmo no mais simples ato diário de escrever.

Eu podia então avistar a pista de pouso e as faixas indicadoras. A imagem passava pela janela cada vez mais rápida e maior. O som dos motores parecia ter parado e, num solavanco, o avião pousou.

Finalmente, por volta das 12h30, horário local, o capitão deu as boas vindas à tripulação. O som dos cintos desafivelando, retratava certa euforia contida em cada assento e em cada coração.

- Nihon tsukimashita – pensei em japonês - Estou do outro lado do mundo!!!

Alcei minhas bagagens de mão e desci do avião. Passei então pela vigilância sanitária, retirei minhas malas e finalmente me deparei com a imigração. Apoiei minhas bagagens de mão em cima do carrinho que trazia as demais malas. Esperei em fila única a minha vez. A partir deste momento, teria que desenrolar o meu um ano e meio de japonês que a Sensei Maria pacientemente me ensinara no Brasil. Girava meu pescoço vasculhando os letreiros e constatei que já identificava alguns kanjis que aprendera.

Em menos de dez minutos, me depararei com um japonês fardado, sorridente que, com gestos bem definidos e compreensíveis, indicava onde eu deveria colocar minhas coisas para passar pela máquina de Raio-X, e mostrando-me um panfleto, questionava a existência de algum daqueles objetos em meus pertences. Eram eles: drogas, armas e revistas pornográficas. Ri discretamente e finalizei com um rápido movimento de cabeça. Perguntou-me, agora em japonês, qual o motivo da minha viagem e orgulhoso por ter compreendido, respondi também em sua língua:

- Vim treinar Aikidô!

Liberado na alfândega, passei por uma porta estreita e tive acesso a um ambiente onde alguns japoneses seguravam nomes escritos em placas, erguendo os pescoços à procura de seus clientes.

Então ouvi uma voz feminina com um sotaque bem carregado.

- Marcero san!

Vi, então, no meio da multidão, uma figurinha japonesa que acenava incessantemente em minha direção, repetindo por várias vezes meu nome...

- Hajimê mashitê[4] - respondi de prontidão.

Um aperto de mão finalizou os cumprimentos.

Mika san, a funcionária da empresa de turismo responsável pela minha chegada ao país do Sol Nascente, então, ofereceu-me um cartão de visitas com seu telefone, para o caso de alguma emergência, e seguimos para a estação de Tóquio, aonde iria de Shinkansen - o Trem Bala japonês – encontrar-me com Ueno Sensei, na cidade de Shizuoka. Pelo caminho, conversamos sobre o Brasil, a vida no Japão e curiosidades das duas culturas, quase sempre acompanhadas por um "So desu". De repente, seu telefone celular toca e, para minha surpresa,

4 Hajime mashitê: Tradução de "Muito prazer".

era Ueno sensei, perguntando sobre meu desembarque e sobre o horário que chegaria à estação de Shizuoka. Certo agora de que a ansiedade não se limitava apenas a mim, senti-me acolhido. Continuamos a conversa por quase uma hora até chegarmos à estação de Tóquio.

Em passos ligeiros, acompanhava Mika san, atento a todas as surpresas... Luzes, caracteres japoneses, pessoas e suas vestimentas, mulheres, lojas, e, particularmente, a velocidade com que se deslocava aquela multidão pelos corredores do metrô, quase como num balé clássico, pois seguiam todos compenetrados, ágeis e surpreendentemente organizados. Compramos o bilhete e Mika, pacientemente, acompanhou-me até a poltrona dentro do trem-bala, ajudando-me a acomodar as coisas em um compartimento próximo às portas automáticas. Agradeci sua bondade e abracei-a como um gesto de carinho. Sem jeito, ela sorriu e aguardou na plataforma a partida.

Estava surpreso com o trem que nos levara à estação de Tóquio e mais absurdamente espantado com este novo modelo. Agora, além da beleza e limpeza interior, podia sentir visivelmente a velocidade com que aquela máquina se movia, proporcionando um conforto bem próximo a um carro de luxo. Tambos e casas com telhados, distribuídos desordenadamente, faziam contraste, ora com o Oceano Pacífico, ora com cadeias de montanhas, cada vez mais próximas e visíveis.

Envolvido pelo sono, eu parecia estar em estado de êxtase. Meus pensamentos não se fixavam em coisa alguma, mas navegavam no suave balanço do trem. Pela janela oposta, notei um traço no horizonte, como que "feito à mão" seguindo em direção ao céu. Vislumbrando tal cena, a cor mais escura da base tornava-se gradativamente mais leve e suave, e a ascendência do traço revelava uma das mais belas cenas. Sentado e silencioso, o Monte Fuji dava as boas vindas oficiais aos que passavam por ali. Eu, como forasteiro, prendi a atenção, bestificado com tamanha beleza e soberania do

Monte que, parado em seu lar, revelava seu esplendor. Pouco a pouco, deixava para trás mais uma bela surpresa, e então me concentrava no que me acordara para a próxima etapa: reconhecer o Ueno sensei.

No dojô do Brasil, Cecília havia mostrado algumas fotos do Sensei que guardara na minha memória e, tomando uma cerveja, ensaiava mentalmente os cumprimentos comuns à cultura japonesa, almejando dar a máxima boa impressão no primeiro encontro.

Então, ouvi o anúncio da chegada à estação de Shizuoka, e recolhendo meus pertences, prostrei-me com Shinkansen[5] ainda em movimento, diante da porta automática. Lentamente, o trem diminuía sua velocidade e eu fui percebendo a movimentação dos passageiros que também desembarcariam na estação. Em poucos segundos, uma fila, com mais ou menos quinze "japas", havia se formado atrás de mim, enquanto a velocidade agora cada vez menor indicava a chegada à estação de Shizuoka. Pelo vidro da porta automática pude perceber que a guarnição entrara na estação. Sentia meu coração impulsionar meu sangue para todo meu corpo. Minha face estava muito quente e, na ponta dos meus dedos das mãos, sentia a intensidade da minha pulsação. Creio que minha frequência cardíaca beirava a marca de duzentos batimentos por minuto! O trem parou. Alguma coisa foi dita em nihongo. Não dei atenção. Imediatamente as portas se abriram. Saí do vagão e senti o poder do calor e, buscando alguma pessoa com as características do sensei, percebi, levantando de um banco de espera na plataforma, uma figura vestida com calça de tergal azul, camiseta pólo da mesma cor e sapato preto social, vindo em minha direção. Conferi. Era Ueno sensei.

    Olhei bem em seus olhos. Já sorrindo, segui também em sua direção. Notei o quão profundo era o seu olhar. Um corpo atarracado, porém, de pouca estatura, e um andar firme, como se seus pés fossem afundar no solo. Prostrei-me à frente dele e o cumprimentei

---

5   O trem-bala japonês

em japonês.
- Tudo bom? - em português, sensei me perguntou.
- Tudo bem, sensei! Estou muito feliz por encontrar com o senhor – respondi, demonstrando muita ansiedade e felicidade.
- Ah, Tá bom, tá bom! Vamos para carro, filho está esperando - finalizou a conversa.

Seguimos em direção à saída da estação. Compulsivamente, falava de todas as lembranças que os alunos lá do Brasil enviavam através de mim. Em passos rápidos, tentava acompanhá-lo, um pouco mais atrás por causa das bagagens, sem ver qualquer reação emocional por parte do sensei. Assim, aumentava meus elogios e paparicos.

Dois lances de escadas e um longo corredor era a distância percorrida para, enfim, chegarmos ao carro do filho do sensei, Naotake san, e que mais parecia uma versão do "Bat-Móvel"...

Naotake san era um rapaz de uns vinte e três anos, cabelos descoloridos por blondor e um sorriso simpático. Ele nos esperava fora de seu veículo "supersônico", vestindo uma calça jeans de skatista e tênis surrado, surpreendendo-me com um diálogo curto.
- Marcelo san! Oi, tudo bem? Eu sou Naotake – apresentou-se em um português carregadíssimo.
- Oi, muito prazer em conhecê-lo...

Foi então que presenciei a primeira expressão marota de Ueno sensei, com um sorriso seguido de uma boa risada de seu pupilo.

Seguimos, então, pelo fluído tráfego das ruas e avenidas de Shizuoka, eu apoiado entre os dois bancos dianteiros do carro, ora perguntando sobre as preferências de Naotake, ora reverenciando a postura de Ueno Sensei. Seu olhar, sempre fixo à frente, transmitia marcante autoconfiança. Suas mãos, apoiadas nas pernas, assumiam uma coloração vermelha quase que degradê em direção aos dedos.

Elas pareciam emanar fogo... O silêncio dele me limitava a falar das inúmeras lembranças e saudades de seus alunos e amigos do Brasil, calorosamente enviadas. Eu apenas apreciava um sorriso simples e mudo, porém, de uma simpatia impressionante.

Uns dez minutos de viagem e percebi, no final da rua, uma estrutura surgindo aos poucos, ao nos aproximarmos com o carro. O vermelho, quase que predominante, ocupava agora toda a visão do pára-brisa e, um monumento fabuloso se condensava entre os prédios que se ajoelhavam e o reverenciavam: O Templo Sengen Jinja.

O templo majestoso, pelo excesso de simplicidade, impunha sua soberania. No ar, um perfume próprio e característico inundava minhas narinas, enquanto sentia o intenso envolvimento da atmosfera... Parecia que, realmente, de dentro dos diversos templos pelos quais lentamente passávamos, no interior do carro, os Kamis[6] analisavam o estrangeiro que ali adentrava, até então, sem pedir licença.

Paramos o carro em frente a um templo. A entrada, uma pequena estrutura com uma bica de água, coberta com telhas cor de chumbo e conchas de bambu para captar o líquido. Como sempre, Ueno sensei, em silêncio, saiu primeiro do carro e dirigiu-se, com seu andar de pedra, à bica. Naotake e eu, seguindo e observando seus movimentos, após lavarmos as mãos e a boca já seca pelo calor, realizamos o ritual xintoísta, como nos treinos de aikidô, porém com um espírito de agradecimento e proteção, percebendo uma intensa conexão em tudo naquele instante. Um sentimento de proteção invadiu sem cerimônias a minha mente.

Seguimos então a pé até ao dojô[7], que ficava a poucos metros dali. Já percebia certa movimentação em seu interior, em contraste com a exuberante vegetação que seguia para o alto das montanhas e encobria parcialmente o telhado. Lateralmente e à frente da entrada, evidenciada

6   Deuses japoneses
7   Local de treino.

pela varanda em madeira e pelos diversos calçados organizadamente deixados à sua porta, pude notar alguns pneus surrados pelos diversos golpes de bokken[8] que supostamente foram desferidos pelos alunos.

O barulho da britas que forravam todo o chão do Jinja ecoava pelas suas alamedas e no interior dos templos. Ritmados pelos passos fortes do sensei, conduziam a uma harmonia única.

Sem esperar, Ueno sensei, a poucos passos do dojô perguntou:

- Tá cansado?

- Não sensei – respondi, já que não podia neste primeiro diálogo "intenso", demonstrar cansaço ou fraqueza.

- Então veste Dogi[9].

Voltei correndo para o carro de Naotake san e revirei minha mala. Sabia que o meu dogi estava bem no fundo, já que jamais imaginaria ter, depois de quase trinta e cinco horas de viagem, uma recepção tão calorosa: um belo treino, em plenas cinco horas da tarde!

Vestido e pronto para o treino, fui recepcionado por um professor de óculos e sua esposa, que demonstravam tanta ansiedade quanto eu em comunicar-se, e por gestos me fizeram entender que deveria me apressar, pois, todos, devidamente alinhados e sentados em seiza[10], aguardavam silenciosamente. Adentrei ao tatame, conduzido pelo casal e sentei-me próximo à porta, visualizando cada detalhe do dojô.

O Kamidana[11], imponente, era ornado com várias frutas e legumes e, de qualquer ângulo, era o primeiro a ser notado.

Havia, no chão, um tambor sustentado por um apoio de

---

8   Sabre de madeira

9   Vestimenta utilizada na prática da arte marcial.

10   Posição tradicional japonesa; ajoelhado formalmente.

11   Pequeno altar em madeira

madeira. Acima, pendurada na parede, uma foto do imperador Hiroito e, do lado oposto, a imagem do imperador Meiji, compunham o cenário para quem estava aguardando no fundo. Do meu lado direito, erguia-se um suporte do chão até quase o teto, repleto de bokkens e algumas katanás, devidamente embainhadas. Troncos de madeira e robustos galhos de árvores se destacavam dentre eles.

Os cinco minutos de espera foram interrompidos pelo estampido seco da porta de correr de uma ante-sala localizada do lado direito do dojô. Em postura totalmente soberana, Ueno sensei apontava com um semblante de dar medo. Passava em revista por todos. Muitos se endireitavam. Ele seguiu para o centro do dojô. Outro faixa preta rapidamente dirigiu-se ao tambor, posicionou-se em seiza e, segurando uma baqueta, por três vezes fez soar o grave e alto som, provocando uma intensa vibração nas janelas do dojô.

Meu coração parecia estar bombeando tanto sangue que senti um evidente calor em toda a face. Meus cabelos da nuca ficaram totalmente eriçados. O treino havia começado.

A adrenalina naquele momento fez sucumbir toda a fadiga da jornada, e, por mais uma hora e meia, wazas[12] e mais wazas me transformaram em um morto-vivo, quase desfigurado.

O calor úmido dava ao ar, naquele instante, um peso ainda maior sobre o dogi já todo encharcado de suor. O ritmo compassado de minha frequência cardíaca impressionou todos do dojô e um a um, vinham a mim para que treinássemos juntos. No auge dos meus vinte e seis anos, educador físico, com todo aquele estímulo e percebendo que causara boa impressão, detonei até o final.

---

12   Grupo de técnicas de artes marciais.

Dojô

Ueno sensei, discretamente, passava de um lado ao outro do dojô, dando instruções e corrigindo técnicas. Porém, sentia que, mesmo com sutileza, ele me analisava. Dez anos depois de ter deixado o Brasil, creio que avaliava os frutos de seu trabalho...

Sensei sempre demonstrava com o mesmo uke - o sparring - as técnicas a serem treinadas e, em cada ação, esse gemia de dor. Comecei a ficar preocupado em ser escolhido para uke - teria que assimilar toda aquela energia! Conseguia me imaginar chegando de tão longe com uns dentes e um dos braços quebrados! Por sorte fiz parte do grupo que apenas olhava.

No final do treino, após a cerimônia xintô, Ueno sensei me apresentou a todos, contando um pouco da história que vivera no Brasil. Muitos aproveitaram para perguntar sobre o Brasil e outras coisas que, sinceramente, não tinha a menor noção do que eram, e que estrategicamente, respondia em um bom e sonoro: "Hai"!

Vinte minutos depois, fomos de carro para a casa dele, um apartamento de, no máximo, cinquenta metros quadrados. Para os padrões japoneses era até uma boa metragem! Sensei me mostrou um quarto onde deveria deixar minhas bagagens, enquanto Naotake, na cozinha, abarrotado de cacarecos e embalagens de comida, preparava nosso jantar.

O banheiro era um misto de lavabo, área de serviço interna e Ofurô.

- Sabe sistema de Ofurô? – perguntou, abanando com a cabeça.

- Mais ou menos, sensei... – respondi, meio sem graça.

- Primeiro lava corpo bastante e depois entra em Ofurô - apontando para os apetrechos, o sabão e o xampu.

Despi-me e adentrei num espaço de piso, semelhante à fibra de vidro, de aproximadamente dois metros quadrados. Sentei em um banquinho de plástico e iniciei o ritual para arrancar aquele "suor" de mais de cinquenta horas sem tomar banho...

Já dentro do Ofurô, a água extremamente quente, causara, inicialmente, um pouco de estranhamento. Porém, aos poucos, entrei em um profundo relaxamento, agora pensando neste primeiro contato e em quão estava feliz por essa aventura... Era um sentimento que há muito não sentia, um misto de alegria e gratidão...

Por uns trinta minutos fiquei imerso e só me dei conta do tempo quando ouvi a porta da sala correr e o som de porcelanas sendo postas à mesa. O jantar já estava a minha espera.

Sentados na pequena sala de tatame e descontraídos, todos aguardavam Ueno Sensei - como sempre em uma postura impenetrável: Fukushima Sensei, professor de caratê e também monge xintoísta, e Naotake san que, voltado para a televisão assistia a um programa de auditório.

Fukushima sensei se ajoelhou e se apresentou da maneira formal japonesa. Respondi à altura, constantemente sendo acompanhado pelos olhos fulminantes do sensei. Permaneci sentado em seiza junto à mesa baixa entre a porta que dava acesso à cozinha e onde Ueno sensei se prostrava. Neste local, bem ao seu alcance, descansando no tatame, umas três enormes garrafas de saquê aguardavam para serem tomadas. Na mesa do mesmo lado, muitas guloseimas e salgadinhos - tipo ebisen - se aglomeravam em uma cestinha de vime. Fukushima sensei então gesticulou para que me sentasse de maneira informal. Sensei então, para minha surpresa, aproximou um copo, colocou à minha frente e me serviu com uma boa dose de saquê. Antes de encher o copo parou repentinamente:

- Marcelo san toma saquê né?

- Gosto muito, sensei – sorrindo, completei.

Enchendo o copo até a boca, ele disse:

- Hoje vamos beber pra você.

Daí pra frente, bebemos, comemos, conversamos sobre

o Brasil, aikidô, religião e vida, até as duas e meia da madrugada. Nunca tão cansado, nunca tão feliz, nunca tão agradecido. E Ueno sensei, na medida em que conversava, demonstrava um sentimento de profunda alegria, que emanava de cada gesto realizado por suas mãos. Sim, aquelas mesmas mãos das quais parecia emanar fogo.

Esgotado, Naotake san já dormindo, Sensei me levou até o quarto. O shikifuton[13] já estendido aguardava, solenemente, meu exausto corpo. Deitei-me e sensei murmurou:
- Agora descanse...
- Hai, sensei. Boa noite.
- Boa noite – gesticulando com a cabeça, encostou a porta do quarto.

Ajeitei-me e uma frase acompanhou meu fechar de olhos:
- Obrigado, meu Deus...

Às 4h25 da madrugada acordei com a claridade da alvorada.
- Nossa, como aqui alvorece cedo!

Apesar das pouquíssimas horas de sono, dormi profundamente, mas ainda sentia meu corpo completamente dolorido. Ouvi o sensei ir ao banheiro e logo retornar ao seu leito. Olhei para o lado e notei Naotake san dormindo como um anjo.

Cobri a cabeça com o futon[14] e comecei a divagar sobre esta primeira noite nas terras dos samurais. Imaginava o quão distante estava de minha terra natal e que seria impossível voltar a pé ou a nado, caso acontecesse algo que exigisse fuga. Lembrei-me de todos lá do Brasil e tornei a dormir.

Por volta das oito da manhã, ouvi o barulho da TV ligada e

---

13   Grandes edredons para dormir.
14   Espécie de edredon.

me apressei em fazer minha higiene matinal, pois sabia que sensei estaria fazendo seu desjejum.

Empurrei a porta de correr que separava o corredor central da sala e entrei no tatame pedindo licença da forma mais respeitosa possível. Ueno sensei, acenando com a mão, chamou-me para seu lado. Na mesa baixa, uma refeição farta me aguardava. Peixe assado, arroz branco, missoshiru, tsukemono, legumes cozidos e o mais notável: pão, um litro de leite, café solúvel e uma cesta de... Bananas! "Mas como? Como o sensei descobriu a minha fruta número um?" Certamente foram os meus professores do Brasil que lhe deram a dica. A banana é minha fonte de energia. Meu recorde por um dia, foram duas dúzias e meia delas ingeridas sempre com aveia e mel. Se bem que neste dia, permaneci umas duas horas seguidas indo e vindo do "trono"...

- Aqui tem comida, café da manhã japonês, e acho que gosta deste outro né? – perguntou, apontando para as bananas e para os pães.

- Ahhhhh, sensei, eu gosto dos dois.

- Ah é, é? – e, rindo, voltou os olhos para o televisor.

Olhando pela ampla janela, percebi uma varanda com vários vasos de plantas coloridas. O dia estava claro, porém eu não via os raios de sol. Identificava, contudo, uma suave brisa, pelos movimentos das plantas e das roupas penduradas em um suporte de alumínio, coreografando uma dança sutil e ritmada.

Enquanto me alimentava, sensei, calado, parecia estar sentindo minha atmosfera. Seus olhos fixos na TV, não estavam apenas ligados a ela. Era apenas um engodo para que eu tomasse a iniciativa para um diálogo.

- Pôxa, sensei! Aqui no Japão amanhece super cedo, né?

- Ahã – respondeu, com um maneio de cabeça.

- Este - disse ele, apontando para um pacotinho de isopor – é bom para corpo...

Em um gesto tranquilo, abriu o tal pacotinho e uns grãos melados por uma gosma logo apareceram.

- Põe junto com arroz e come. É gostoso.

Obedeci.

Ao abocanhar tal iguaria, senti um amargor na boca, mas mastiguei assim mesmo. Sensei pediu que misturasse o tal 'quitute' com shoyu e com outro molho amarelo, que posteriormente descobri ser mostarda. Quanto mais mastigava, mais o amargo se instalava entre meus dentes. Nesta hora, Naotake san entra na sala e, sorrindo, fala algo com sensei que não entendi. Ele olha para mim e cai na gargalhada. Minha cara estava transfigurada pela indigesta mistura vitamínica que sensei sugerira

- Marcero san gosta de Nato[15]? - perguntou Naotake san.

Por um momento tentei decifrar o que era o tal "Nato", mas sem sucesso.

Apontando para o meu chawan[16], começou então a gargalhar.

- Ah, esta é minha primeira vez, mas é muito gostoso.

Em japonês, Naotake san, tentou explicar que até mesmo muitos japoneses não gostam de tal iguaria.

- Ah... Sö desu ka? – admirado, respondi.

Ueno sensei, após fazer seu desjejum rapidamente, sai para trabalhar no templo. Sensei era a segunda pessoa mais importante do Jinja e, pelo que Cecília sensei me contara no Brasil, era respeitado e conhecido em todo o Japão, dentro da comunidade eclesiástica.

Assim, eu e Naotake ficamos conversando por mais duas horas, enquanto me ensinava a manusear os eletrodomésticos da casa. Percebi que ele não ficaria ali comigo por muito tempo. Deduzi que tinha seus compromissos e ali estava apenas para dar instruções

15   Iguaria feita de soja
16   Tigela para arroz

para que eu me virasse com a demanda do dia-dia.

Após escutar atentamente as instruções sobre como deixar uma casa japonesa em ordem, seguimos a passeio pela orla de Shizuoka.

Bem diferente das belíssimas paisagens litorâneas do Brasil, a cena era composta de pedras escuras, provavelmente de origem vulcânica e de um mar azul-turquesa, aparentando uma profundidade considerável, mesmo bem perto da costa. Pequenos barcos de pesca riscavam o mar, enquanto poucos banhistas se aventuravam nos mergulhos. A temperatura daquele dia beirava os trinta graus, mas a umidade trazida pelo vento litorâneo tornava o ar quente e sufocante. Grandes monumentos artificiais de concreto protegiam a estrada, segundo Naosan, de eventuais Tsunamis e ressacas. Fiquei impressionado com a engenhosidade. Seguimos com seu "batmóvel" pela estrada beira-mar. Do lado oposto do oceano, cadeias de montanhas apontavam no oeste. Os veículos, no Japão, transitam pelo lado oposto ao do Brasil. A educação e o respeito pelo pedestre era algo incomum para mim. Infringir as leis de trânsito, no Japão, traz problemas sérios para quem o faz, e Naosan sugeriu que era melhor respeitar as normas à risca.

Em direção ao sul, entramos em uma longa avenida, na qual muitas bicicletas disputavam a calçada com os pedestres. Uma chuva esparsa molhava o pára-brisa do carro e vapores saíam do asfalto, completando aquele tempo úmido.

- Nossa! Como aqui é abafado– comentei.

- É... Nesta época do ano fica realmente muito quente e abafado e chamamos este tempo de mushi atsui. Os japoneses também reclamam muito desta época - explicou.

Mais uns vinte minutos de carro e entramos numa lanchonete parecida com o Mac Donald's e pedimos lanches pelo delivery.

- Pô, viajei ao outro lado do mundo para comer sanduíche?

– pensei.

Imaginava que ali só encontraria apenas samurais e comeria sashimi todos os dias, mas parecia que os fast-foods também eram bem-vindos.

Pegamos os lanches e rapidamente tornamos a trafegar pela avenida.

- Vamos para o Jinja agora encontrar com o sensei. Levaremos uns vinte minutos. Hoje o trânsito está um pouco complicado – observou, olhando para o relógio.

- Onde moro, em São Paulo, os congestionamentos são frequentes – respondi, com pouco espanto, pois enfrentava ali um fluxo intenso de carros, mas nada em comparação à Avenida Vinte e Três de Maio, sentido centro, em um dia de semana!

O carro de Naosan adentrou no portão principal do Jinja e paramos em frente ao local onde o sensei trabalhava.

- O sensei trabalha aqui - apontou.

Saímos do carro e logo na entrada do prédio, também com arquitetura nos moldes xintoístas, sensei já nos aguardava com seus trajes típicos. Disse uma meia dúzia de palavras ao seu filho e me falou:

- No Jinja têm muitos lugares para passear e é só seguir as trilhas – indicando-me o caminho.

- Hai, sensei! - fiz uma pequena pausa – Sensei, será que eu poderia tirar algumas fotos do senhor vestido assim? – perguntei, afinal, não poderia perder a oportunidade de registrar aquela pose.

Sensei olhou para Naosan, deu um sorriso e deu-me a permissão pedida.

Cliquei uma, duas vezes.

- Pode tirar mais uma - ajeitando-se próximo à porta, imóvel.

"Clic"

Sensei parecia satisfeito. No instante seguinte, voltando-se ao prédio, sem ao menos dar um "tchauzinho", ele sumiu porta adentro. Sensei queria mostrar-se "durão", e, assim, a permissão para fotografá-lo daquele modo foi um gesto de extrema generosidade.

Deixei a máquina a tiracolo, despedindo-me de Naosan, que mais tarde voltaria para me buscar, e segui, no sentido de uma enorme escadaria que alcançava o início de um bosque de imensas árvores e folhagens muito densas, e que contornava o prédio no qual sensei trabalhava. Olhando para trás, pude notar uma enorme janela, de onde se podiam ver funcionários do templo, vestidos a caráter, atendendo visitantes. Souvenires eram vendidos. Algumas pessoas andavam pelo amplo páteo. Crianças, jovens e idosos se aventuravam, subindo a imensa escadaria. Um corrimão dividia-a em subida e descida.

- Será que a mão de escada é a mesma que a mão de trânsito?

Logo constatei que sim.

Muitas das pessoas que desciam pelo outro lado, olhavam-me com certa curiosidade, fazendo-me pensar que um gaijin[17] por ali não era algo comum. Pouco a pouco a claridade se esvaia, dando lugar às sombras das imensas árvores que, fixadas por poderosíssimas raízes, evidentes aos olhos, dominavam a paisagem íngreme.

Um pouco além da metade do percurso, parei e olhei para trás.

- Puxa, isto é alto mesmo - murmurei em um solilóquio.

Meu coração pulsava e meus ouvidos distinguiam com clareza cada batimento.

O espírito daquele lugar era tomado pelo cheiro de terra úmida, com um sutil toque de madeira envelhecida. O silêncio dominava todo o espaço. Apenas sons de pássaros e da brisa sacudindo as folhagens eram percebidos.

- Puxa, cheguei! - apoiando as mãos na cintura, parei para

---

17 Estrangeiro.

conferir o tamanho da escadaria.

- Não estou nem acreditando que cheguei aqui. Parece um sonho, meu Deus! Tô muito longe de casa...

Desviei minha concentração, admirando pessoas que pareciam muito pequenas transitando lá embaixo no pátio central. Tirei uma foto, abaixei a máquina e virando-me para a continuação da trilha, surpreendi-me com a paisagem.

- Nossa! Outro templo!

Quase tomado pela vegetação, era imponente, mesmo não sendo tão grandioso. Figuras de Deuses xintoístas guardavam a entrada e, no beiral que se estendia pelo telhado, um colorido me fez estático, admirado.

- Gaijin?

Uma fala rouca quebrou minha concentração. Era um senhor de uns setenta anos, carregando uma bengala, vestindo uma camisa de algodão xadrez e usando um chapéu de palha.

- Sim, eu sou do Brasil – respondi, sorrindo.

- Ah, do Brasil? - arregalando os olhos, apoiou sua bengala no chão de terra.

- Muito bonito este templo, não? – perguntei, puxando a conversa, já que aquela era a minha oportunidade de treinar ainda mais meu japonês.

- Realmente, é fabuloso! Este templo é do Deus da floresta, que protege a natureza, as árvores, pássaros, insetos e tudo que está aqui - apontou suavemente em volta com sua mão.

- Estas cores são lindas também, não? – referindo-me ao colorido do beiral.

- Sim, estas cores são feitas a partir da mistura de ouro em pó - prosseguiu o senhor.

- Nossa! – exclamei, observando que realmente as cores eram predominantemente douradas.

- Haja ouro! - pensei.

O senhor, em um gesto rápido, acenou e disse:

- Gambatê Kudasai. Sayonará - despedindo-se, desceu a escadaria.

Passei mais uns minutos admirando a paisagem local e sentindo o ambiente. Continuei minha jornada, agora por uma trilha no meio da mata, onde as poucas clareiras permitiam que os raios de sol adentrassem para iluminar e produzir um lindo contraste entre as árvores. Durante duas horas caminhei, deparando-me com uns cinco templos de tamanhos menores. Havia também estátuas de Buda ao longo da trilha. Muitas passavam despercebidas, pois se camuflavam na natureza local. No fim da trilha, como num túnel, uma densa floresta de bambu era passagem para a última subida da montanha. Nas escarpas, havia plantações de chá verde a perder de vista, delineando as curvas que a acidentavam. No final, já no topo, uma visão panorâmica do lado sul da cidade de Shizuoka. Um rio a cortava sinuosamente, dividindo a cidade em duas. Construções, na maioria casas, prevaleciam na paisagem com as cores, tons chumbo, de seus telhados. Ao fundo, coberto por uma névoa proveniente do mar, contornos de montanhas circundavam o horizonte. O sol impiedoso me fazia transpirar, molhando completamente a camiseta de regata que vestia. As nuvens pareciam dançar ao sabor do vento. Bancos de madeira convidavam-me para uma pausa e para momentos de admiração, ainda mais detalhada do visual. Encontrava-me só, mas com uma alegria que me preenchia totalmente... Sentei-me num destes bancos e agradeci, sorrindo para aquele "cartão-postal"...

Por quatro horas desvendei as trilhas do Jinja sentindo toda a sua atmosfera, pois a oportunidade era imensurável.

As árvores, os pássaros, o céu, a terra, o aroma, tudo o que compunha aquela aquarela era novidade. Tudo diferente. Voltei para o prédio central e acompanhei com o olhar a movimentação das pessoas que lá executavam suas tarefas. Ao fundo do Uketsuke[18] - a secretaria - vi uma cabeça calva brilhante acompanhando-me. Notei que era Ueno sensei, que, apontando em minha direção, conversava com alguém lá dentro. Caminhando então em direção à secretaria, todas as pessoas que lá estavam viraram seus olhares para minha figura, medindo cada passo que eu dava. Bem próximo dali, três lances de escada levavam à recepção, onde uma figura feminina me dava às boas vindas.

- Irashai Massê - sorridente e vestida de trajes tradicionais xintô, com uma sutil delicadeza, a mulher me cumprimentou.

- Boa tarde – retribuí, também com um sorriso, já identificando bem a figura do Sensei, que me olhava com um olhar fixo.

- Hai, Sensei! Tudo bem?

Logo depois, pensei: Que perguntinha ridícula que eu fiz!

- Ah, tudo bem – respondeu, desfazendo sua postura.

- Sensei, isso aqui é lindo demais, é maravilhoso, é formidável, não? – tentando impressioná-lo, gesticulei incessantemente.

- Ah é, é? Tá gostando?

- Muito Sensei. Isso aqui é divino - insisti, expressando-me com meus braços.

Sensei comentou qualquer coisa com Fukushima sensei, o professor de Karatê, que riu copiosamente. Notei que na secretaria estavam mais duas meninas e um rapaz que acompanharam a gargalhara rápida de Fukushima sensei, com sorrisos discretos.

- Pôxa, quanta coisa bonita aqui – disse, apontando para os diversos amuletos cuidadosamente dispostos em caixinhas de madeira, olhando para Sensei.

Ele, então, levantando-se do tatame, seguiu em minha direção, apoiando-se no parapeito da janela:

- Estes todos são Mamoru[19]. Cada um serve para proteger uma

---

18   Secretaria
19   Amuletos tradicionais.

época da vida e para cada festa tradicional - explicou.
- Se quiser, pode comprar tudo - apontando para todos os bibelôs, continuou.
Olhei assustado para os souvenirs e levantei o olhar. Olhando fixo para mim, mas com um sorriso tímido e maroto, pude perceber que era brincadeira, afinal, minhas finanças foram programadas para passar até seis meses por ali, se tudo acontecesse sem maiores problemas. Cheguei a pensar ainda no Brasil. Se caso sensei não fosse com minha cara e me expulsasse de sua casa ou mesmo se cobrasse pela estadia, deveria estar preparado, até mesmo para fugir no meio da madrugada, caso o tempo fechasse para o meu lado. Um estrangeiro que não dominava a cultura e particularidades que se apresentavam minuto a minuto, poderia cometer gafes homéricas num país de tantos princípios éticos e culturais. Jamais poderia imaginar que minha faixa preta, caso a merecesse, segundo o lendário Massanao Ueno, seria conseguida ao custo de uma purificação financeira. Cocei a cabeça e sorri malandramente.
- Hoje têm aula de Kyudô. Começa às seis da tarde, do lado do dojô de Aikidô - apontou em direção ao dojô.

A PEQUENA NOTÁVEL

Às seis horas em ponto, vestido com meu dogi[20] esperando na entrada do dojô de Kyudô. Percebi conversas no interior. Num tablado de tábuas enceradas, alunos vestidos com seus dogis e hakamás[21] (parecidos com os do aikidô) podiam ser vistos se eu baixasse um pouco o tronco e observasse pelas frestas do portão.
Repentinamente, notei Sensei já bem próximo dali, caminhando em minha direção. Olhando pelas frestas, apoiou uma

20   Vestimentas típicas usadas durante o treino.
21   Saiote típico japonês usado pelos faixas pretas.

das pernas no pequeno degrau, e, num único movimento, abriu a porta de correr, tornando visível todo o dojô. Logo atrás dele, eu, impressionado com o local pelo tamanho e simplicidade, entreti meu olhar nas pessoas empunhando seus arcos gigantescos, lançando suas flechas, em postura apuradíssima, nos alvos a uns trinta metros de distância.

Ueno sensei, com um gesto de mão, permite meu acesso ao tablado interno. Fiquei parado bem próximo ao portão, em seiza, enquanto sensei se dirigia a um senhor de pouco mais de um metro e meio de altura, cumprimentando-o formalmente e iniciando um breve diálogo.

Sensei me chamou para junto deles e pude notar que o mestre de kyudô era bem menor do que pensara. Tinha uma aparência serena e seus cabelos não tinham sequer um fio de cabelo preto. Apresentei-me formalmente e, enquanto sensei Ueno saía do dojô, fui conduzido por uma aluna, já de idade, para o fundo do tablado, junto de outros alunos que, em um silêncio e concentração dignos de templos budistas, continuavam a lançar suas flechas rumo aos alvos. Enquanto esperava, boquiaberto, observando as flechas zunirem no ar e estalarem nos alvos, o mestre do Kyudô trazia o equipamento para que pudesse treinar com o resto do grupo. Ornamentado pacientemente pela senhora, fui instruído quanto à postura, a empunhadura do arco e a ordem de lançamento, já que havia uma hierarquia evidente e, pelo menos, quinze alunos, ora treinando, ora aguardando a vez de praticar. O arco que eu empunhava tinha uns dois metros e meio de altura e seu formato característico lembrava uma serpente. Simplesmente perfeito!

      Uma jovem, aparentando uns vinte anos, parecia não se importar nem comigo, um estrangeiro, nem com absolutamente nada ao seu redor. Centrava-se apenas em esticar ao máximo o arco e acertar, "na mosca", o alvo escolhido. Observei atentamente sua postura, achando que se a pequena notável podia tão facilmente ficar estática e lançar tão precisamente a flecha no alvo, esta arte não teria grandes segredos.

Minha vez chegou e o pequeno mestre aproximou-se de mim e ajustou minhas pernas na posição correta. O Kamae, a postura básica era diferente daquela do aikidô. As pernas ficam completamente estendidas, como se fincassem no chão. As flechas, ao todo quatro, deviam ser seguradas apenas pela mão direita. Já nesta primeira lição, derrubei pelo menos três delas, umas cinco vezes. Pela primeira vez, a pequena notável desviou o olhar em minha direção. Eu tinha noção que estava fazendo algo, no mínimo, ridículo!

O mestre, pacientemente, ajustou então o arco na mão esquerda e estendeu meus braços à frente de meu corpo. Empunhando arco e flechas pela primeira vez, depois de uns quinze minutos, parei estático em frente ao sensei arqueiro. Conduzindo minha mão esquerda, apoiava a flecha na minha outra mão que empunhava o arco, enquanto encaixava-a suavemente na corda do mesmo. Já estava vertendo água pelos poros mesmo tendo uma suave brisa alisando meu rosto. Seus olhos olhavam nos meus e com sua voz rouca, disse:

- Respire e abra o arco.

Inspirei fundo, sem tirar os meus olhos de seu olhar, contraindo meus glúteos e fixando ainda mais meus pés no chão. No primeiro instinto de abrir o arco, senti toda minha musculatura dos ombros se contraírem, elevando os ombros, mas o arco absolutamente não cedeu.

- Não faça força!– em voz firme, apoiando suas mãos nos meus ombros, impediu-me de continuar.

Respirei fundo novamente e mais uma vez... Nada!

Terceira, quarta, quinta tentativa e nada! Cada vez que tentava, sensei batia em meus ombros para que relaxasse.

- Mas como? – pensei, indignado.

O sensei, então indo para trás de mim, ajustou minha postura, segurando meus cotovelos na posição correta. Enquanto tentava compreender a mecânica daquele movimento, via a pequena notável soltar sua última flecha, e... "plact!" No alvo!

- Não é possível! O arco dela é igual ao meu e ela o estica como se fosse de brinquedo – Irritado, pensei.

- Respire e não faça força. Pense que você é o arco - suavemente disse o sensei.

Com a ajuda dele, depois de umas trinta vezes, consegui abrir o arco, tremendo todo o corpo, como se estivesse tendo um ataque epilético e que pra mim, naquele momento, foi a pior coisa que tentei na vida. A pequena notável, por vezes, olhava para mim sem me reprovar, mas, certamente, notando a minha indignação diante de minha incapacidade, ou mesmo a minha pretensão de medir forças com ela. No final do treino, depois de quase duas horas, estava esgotado, todo ensopado de suor, e a senhora que me ajudou no início, falava insistentemente: - Joozu deshita.

Ela queria dizer que eu fora muito bom, mas eu, apontado para pequenina, disse:

- Boa é ela! - e todos riram.

Por volta de oito e meia, Naotake san viera me buscar e voltamos para casa do sensei Ueno. Durante o jantar, sensei, Fukushima sensei, Naotake san e eu conversávamos principalmente sobre o Brasil. Ueno sensei pouco perguntava e se limitava a fazer comentários das peculiaridades da pátria adotada, e da forma com que ele falava, parecia ter boas lembranças. Fukushima sensei atentamente ouvia e, entre um copo e outro de saquê, sempre servido por Naosan, erguia as sobrancelhas em sinal de espanto e admiração. Na mesa, percebia certa hierarquia para completar o copo de bebida: na maioria das vezes, Naosan servia primeiro Fukushima sensei e depois seu pai. Porém, muitas vezes Fukushima sensei também servia Ueno sensei, deixando seu copo sempre cheio. Já sabia que a ordem lá era deixar o copo de bebida sempre cheio, e principalmente o copo do Ueno sensei. Com medo de cometer uma gafe, até aquele momento esperava sempre a minha vez de servir a todos, e sempre era retribuído, ora por Naosan, ora por Fukushima sensei, com meu copo sempre completo. Na medida em que bebíamos, a interação e a comunicação se tornavam mais claras. Meu japonês, longe de ser adequado, conseguia, impressionantemente, fazer-se entender e, mesmo sem compreender noventa por cento do diálogo entre eles, compreendia o sentido pleno do se tratava, algo um tanto misterioso.

Ueno sensei apresentava a face iluminada por uma coloração vermelha clara e um sorriso de satisfação. Sem dúvida, aquilo lhe dava muito prazer. Longe de esperar por uma atitude, sensei pegou a enorme garrafa de saquê e me serviu com uma bela dose.

- E como foi o treino de Kyudô?

Com a garrafa ainda nas mãos e olhando fixamente para ele, respondi:

- Nossa sensei, foi muito bom. O sensei de lá é muito atencioso - respondi e dei um generoso gole. – Na verdade, todos aqui são muito generosos e fico muito agradecido. Os professores do Brasil já me contavam sobre o senhor. Estou realizando um sonho - completei.

Sensei sorriu e endireitou-se em seu encosto, apoiando ambas as mãos na mesa. Continuamos a jogar conversa fora até as duas da madrugada. Naosan, já deitado no tatame, roncava e eu, sentindo todos os músculos dos braços e dos ombros doloridos, sofria pelo cansaço. Fukushima sensei então já com os olhos semiabertos, despediu-se de mim na forma tradicional. Endireitei-me e correspondi à altura.

- Oiyasumi nasai. Boa Noite...

DIA PRIMEIRO DE JULHO

Acordei às seis horas da manhã. Como há muito tempo não fazia, consegui dormir por mais tempo e profundamente. O silêncio dominava a casa e esperei deitado, deixando meus pensamentos vaguearem sem rumo. Cochilei por mais uma hora, acordando com sensei indo ao banheiro. Naotake san, desmaiado ao meu lado, roncava virtuosamente.

Ueno sensei chega à porta do quarto e inclina o corpo para frente.

- Ohayou gozaimassu[22]! - erguendo-me, dei bom dia a ele.

- Ohayou! – respondeu e entrou no quarto.

Agachou-se perto do futon de seu filho e com dois dedos, prendeu o nariz de Naosan, cortando a respiração, impedindo-o de respirar e roncar. Segurou uns dez segundos. Naotake nem se mexia. Mais uma vez prendeu-lhe as narinas. Comecei a gargalhar. Naosan finalmente se mexeu, virando a cabeça para o lado oposto. Sensei novamente impediu-o de respirar.

- Sensei, o senhor vai matá-lo!!! - rindo sem parar, comentei.

- Ele é muito barulhento para dormir. Se prende a respiração, para o ronco.

Naotake então ameaçou abrir os olhos, esboçando reação com as mãos.

- Acorda Nao san, acorda!

Ele então abriu os olhos e sorriu para o sensei.

- Ohayou Nao san.

---

22 "Bom dia."

- Ohayou.

Logo estávamos todos tomando café da manhã, ou melhor, o Asagohan, assistindo as notícias na televisão. Sensei rapidamente entra em seu quarto e aparece vestindo uma blusa, tipo quimono, e uma calça militar de cor verde. Muito simples. Fala qualquer coisa para Naotake e sai, ligeiramente, rumo ao Jinja.

Eu e Naosan continuamos a conversar sobre as particularidades das nossas pátrias. No caso, sobre as mulheres.

Dizia ele que namorava uma garota lá de Chiba Ken, a cidade onde morava com sua mãe. A relação com as mulheres era o principal assunto. Umas duas horas de conversa depois e percebi que, em qualquer parte do mundo, elas, as mulheres, eram o que havia de mais interessante para falar, ver e, se possível, estar junto.

A diferença entre as duas culturas era como e de que forma que se buscava a aproximação. Do Brasil, pude contar que, entre um casal de namorados, o toque e o contato físico eram muito mais "liberados" do que no Japão.

Assim, ríamos enquanto confessávamos sobre nossas aventuras. Apresentamos as fotos de nossas namoradas e nos elogiamos mutuamente.

Lá pelas onze da manhã, Naotake arruma sua mochila e retorna para Chiba, onde encontraria com sua mãe. Deixou instruções de como trancar as janelas e a porta, pedindo para que, quando eu saísse, deixasse a chave lá no Jinja com o sensei. Fiquei sozinho no apartamento, mas com uma sensação de "estar em casa", gozando da confiança por parte do sensei.

Pesquisei umas frases em nihongo e saí em busca de um local que revelasse fotos, pois tinha já terminado um filme de 36 poses no dia anterior, estava ansioso para ver os resultados.

Caminhando pela avenida em direção ao Jinja, fui admirando a arquitetura local e me entretendo com os detalhes. As árvores, o comércio local, que variava desde barbearia até pequenos supermercados 24 horas, parques e playgrounds infantis, num misto de cidade de interior e cidade grande.

O morro do Jinja já podia ser visto e uma longa curva dava a impressão de que o portão central estava bem próximo. Na verdade, a caminhada toda durava uns vinte minutos. Uma livraria do outro lado da avenida parecia estar mais movimentada, mesmo porque eram pelo menos umas trinta bicicletas estacionadas à frente.

- Depois virei aqui.

Passando direto pelo Jinja, entrei numa rua bem em frente ao portão principal. Naquela rua estreita de mão única, muitas lojinhas aguardavam seus clientes exibindo mercadorias na própria calçada.

- Se estivesse no Brasil não sobraria nem o cesto – pensei.

Ali tudo era novidade. Tudo era lindo. Sentia-me uma criança que entra numa loja de brinquedos e cujos olhos vibram com tanta beleza! Sentia-me exatamente desse modo.

Depois de um tempo, quase no final da rua, encontrei um símbolo da Fujifilm na entrada de uma loja. Deduzi que neste estabelecimento poderia revelar o filme que trazia.

Entrei na loja, passando por uma porta de correr, na qual um sino de vento avisou sobre a minha presença. Aparentemente, no balcão de madeira não havia ninguém e, passando a olhar pela loja certifiquei-me que comercializavam produtos para vídeo e fotos. Pôsteres expostos com temas da natureza e paisagens, principalmente do Japão, recobriam as paredes. Em si, a loja era uma pequena espelunca um pouco mais hi tec.

- Irashai massê – subitamente, um senhor de óculos aparece do nada, assustando-me.

- Boa tarde – tirando o filme de minha pochete, aproximei-me do balcão.

- Por favor, gostaria de revelar este filme. Em quanto tempo

fica pronto?
 - O japonês me olhou e começou a falar tão rapidamente que não entendi nem mesmo uma sílaba.
 - Wakarimashita[23]!
 Na verdade disse aquilo apenas para não prolongar o diálogo. Fiquei esperando por mais alguma reação do senhor. Recebi o canhoto e ele apontou para que eu escrevesse meu nome.
 - Então até amanhã, né?
 O senhor me olhou novamente e começou a tagarelar compulsivamente enquanto abanava o envelope.
 - Ah... Hai, Hai – finalizei a conversa e fui saindo dali.
 Se realmente as fotos ficariam prontas no dia seguinte eu não sabia, mas estaria lá no mesmo horário. O máximo que poderia acontecer era que a revelação não estivesse pronta. Até aí, valeria a caminhada.
 Voltei pela rua paralela, visitando uma a uma as lojas de cerâmica. Peças lindas, de uma sutileza que raramente se encontra no Brasil. Comprei um conjunto de Tchawans por um preço irrisório.
 Na volta para o Jinja adentrei dessa vez por um portão lateral. Na entrada, monumentos de dois Tigres de pedra faziam-se notar, apoiados em pilastras, também de pedra, toda trabalhada. Ao fundo podia-se ver o amplo lago de carpas. Alguns passos mais adiante, uma bica de água, ornamentada por uma estrutura imitando as formas dos templos, convidava-me a saciar a sede, que era grande e presente. Tomei um belo gole, utilizando uma concha de bambu, escolhida entre várias apoiadas na beirada da bica. A temperatura do líquido contrastava com o abafado do clima. Impossível não se saciar...
 - Ah, que delícia! Graças a Deus! - agradeci.
 Tirei mais algumas fotos do local que ainda não tinha visto

---

23   Tradução da expressão "Entendi!"

antes e, passando em frente à uketsuke, não notei a presença do sensei. Voltei então para casa e senti, pela primeira vez, a ação do fuso horário. Um sono incontrolável me dominou e, deitado no tatame da sala, em frente à televisão ligada, adormeci profundamente.

Acordei assustado pelo toque do telefone. Era Ueno sensei.

- O que está fazendo? – perguntou.

- Oh sensei, estava na verdade dormindo – dei uma pausa – Acho que o fuso horário me pegou.

O sensei não respondeu. Ficou mudo do outro lado da linha.

- Sensei, quer ajuda para alguma coisa no Jinja?

Escutei o Sensei desligar o telefone. Achei que ele tinha ficado meio irado comigo pelo fato de estar dormindo naquela hora do dia. Por outro lado, já tinha dado uma geral na casa e deixado as roupas lavando na máquina. Minha principal preocupação era não cometer nenhum vacilo, pois tinha que perceber os costumes o mais rápido possível, já que era o convidado da história toda. Passei a mão na minha mochila, peguei meu dogi e corri para o Jinja.

Já eram seis e quinze da tarde e o treino iniciava às sete. Pensei que a intenção do Sensei em telefonar para casa seria me avisar que o treino começaria as sete, e queria saber de meu paradeiro. Torcia para ser essa a razão. Não seria nada legal ser repreendido na frente de todos.

Cheguei ao Jinja entrando pela primeira entrada no final da avenida. Aquela era a mais próxima dos dojôs de aikidô e Kyudô. No dojô, muitos alunos já varriam o tatame e me dirigi para uma saleta comum, onde vesti meu dogi rapidamente. Uma porta de correr, oposta à entrada da saleta, abre-se e, da ante-sala do dojô, Ueno sensei, já pronto para o treino, aparece, passando em revista a todos que ainda se vestiam. Atravessa pela saleta e todos se curvam, em respeito. Procedi da mesma forma. Amarrei a faixa e não me contive em olhar discretamente um enorme quadro do polêmico Yukyo Mishima, destacado na parede da saleta privativa do sensei. Mishima era um escritor famoso da década de setenta, que manteve uma postura contrária à invasão da cultura americana, bem como seus costumes, cometendo o haraquiri[24] na forma de protesto.

Entendi que no Japão os sentimentos mais profundos são mostrados de uma maneira bem mais sutil de que eu pensava. No Brasil, já sabia que a expressão do japonês é algo que se deve sentir e ter sensibilidade para captar. Estava então no meio de uma realidade que para o meu lado de crescimento pessoal seria uma oportunidade única. Já experimentava sensações que nunca sentira antes.

Entrei no dojô e todos, cerca de trinta pessoas, conversavam em pequenos grupos. Ueno sensei estava em frente ao espelho, treinando, empunhando uma katana. Em sincronia, todos os presentes ficaram silentes e voltaram os olhares para os movimentos do sensei.

Uma variedade de cortes zunia no ar e a sensação era de que todos ali continham a respiração; talvez para captar nos mínimos detalhes daquele raro momento. Por uns dois minutos, ele cortava o ar como se a katana fosse a própria extensão de seus braços. Os movimentos vigorosos, mas longe de serem brutos, davam impressão de pinceladas no ar...

A katana simplesmente não tremia. A precisão era tamanha que ninguém se atreveria a ficar menos de cinco metros de distância, arriscando perder a cabeça. Sensei embainhou a espada, e deu sinal para que um outro professor começasse o treino...

As janelas do dojô estavam escancaradas. Naquele dia o calor parecia maior. Todos ofegavam e, ao aplicar o kote gaeshi, o som do impacto do corpo com o tatame ecoava, fazendo tremer as esquadrias de alumínio das janelas e portas. Minha adrenalina até <u>então aumentava</u> conforme trocava de uke. Muitos já se esvaíam

24   Forma de suicídio cometido pelos samurais.

pelo cansaço e sentavam na posição formal na beirada do tatame observando àqueles que ainda permaneciam firmes.

Outra técnica foi mostrada pelo sensei.

Desta vez, seu próprio uke veio até a mim para que treinássemos a técnica irimi-naguê.

Por uns vinte minutos, aplicamos o golpe um no outro e, por fim, estávamos apenas nós dois em ação no tatame.

Terutaka san era seu nome, e era um dos que se destacavam no dojô, pela qualidade técnica e por ser o primeiro a receber todos os golpes de Ueno sensei. O fato curioso é que, ao ser uke[25] do sensei, seus gemidos ditavam a intensidade e eficiência da técnica do nosso mestre e o sentimento ali era ter a sorte de não ser o escolhido para ser uke dele.

O treino termina e desta vez não recolhem o tatame. Algumas mulheres entram na saleta do sensei, retiraram algumas mesinhas, que montaram no próprio tatame. Outro grupo vindo de fora do dojô, surgiu, trazendo inúmeros quitutes e garrafas de saquê e cerveja. Aquilo era uma festa.

Todos se acomodavam, sentados bem à vontade no tatame, distribuindo as taças de saquê. As crianças também recebiam seus copos e disputavam alegremente as garrafas de refresco. Até aquele momento, ninguém tocou na comida, já disposta caprichosamente nas mesinhas. Primeiramente, todos encheram os copos. Estava sentado ao lado de Terutaka san que gentilmente encheu minha taça de saquê.

Um senhor faixa preta, de porte atarracado, ergueu-se e, destacando-se de todos, começou um pequeno discurso. Imaginava que ele deveria ser um sensei importante na hierarquia, pois era o único aluno faixa preta que instruía os demais alunos, além de Ueno sensei. Esforçando-me para compreender o significado de suas

---

25 Pessoa que ajuda ao treino de artes marciais japonesas. O lutador de artes marciais treina os seus movimentos no Uke.

palavras, entendia apenas que falara a meu respeito. Ueno sensei, do outro lado, dirigia-me o olhar, com um pequeno sorriso, ao qual eu retribuía com evidente satisfação.

- Marcero san, sente aqui perto, por favor – disse-me ele, apontando para o lado direito de Ueno sensei.

Rapidamente levantei-me e, em passos ligeiros, completei o espaço vazio entre o mestre sala e o sensei. Eu sabia que aquilo era uma apresentação mais formal, e todos desta vez sentados em seiza, aguardavam a hora de brindar. Ueno sensei, com os olhos baixos, parecia concentrado, quase que em meditação. Todos em volta da mesa permaneciam imóveis e calados. Vi Terutaka san levantar-se e, trazendo meu copo de saquê, caminhou ao redor dos demais, encurvado pra frente, desejando passar despercebido.

Em um gesto suave, colocou minha bebida a minha frente.

- Muito obrigado – agradeci.

Uma breve pausa e...

- Marcelo san ni, Kampai...

Todos em uníssono ergueram suas bebidas e repetiram em alto e bom tom. Não pude conter a alegria e senti o sorriso que estalara em meu rosto. Sensei me tocou no ombro aproximou-se e disse:

- Esta festa é pra você. Esta é a família Takemussu aikidô.

- Eu nem sei como agradecer sensei. Parece um sonho mesmo, muito obrigado...

- Não. Agradece a eles. Eles que fazem isso pra você - apontando para todos em volta da mesa.

- Agradece agora.

- Agora, sensei? – perguntei, abismado.

- Ah, tem outra hora pra agradecer, é? – olhando para mim, espantado e com um riso contido.

- Tá bom, sensei.

Endireitei-me, enquanto sensei chamava a atenção de todos para que ouvissem o meu agradecimento. Bem, dessa vez de fato, eu teria que me virar na língua, e agradecer da forma mais polida possível e adequada para aquela situação. Por segundos, pensei na paciência que Maria sensei tivera durante um ano e meio em me ensinar o nihongo. Todos se aquietaram e voltaram seus olhares para mim. Sensei me pedira para levantar e falar em pé.

- Primeiramente, gostaria de agradecer a oportunidade de estarmos todos reunidos aqui. Eu vim de tão longe e não pensei que algum dia pudesse estar treinando aikidô em um lugar tão distante, no lugar onde se iniciou o aikidô. E isso só se deu pelo fato de que Ueno sensei, há uns anos atrás, gentilmente ensinar a muitos brasileiros sobre o aikidô, o que até hoje é lembrado com muita admiração por todos que treinaram com ele. No meu país, o Brasil, Ueno sensei é sempre lembrado por ter levado até lá o verdadeiro espírito do aikidô e ensinado sobre as belezas da filosofia xintô. Por isso, para mim é uma honra muito grande conhecê-los e ser recebido com tanta gentileza.

Ajoelhei e me curvei diante dos presentes.

- Muito obrigado!

Ufa!!! Depois de dois meses decorando este texto acho que consegui, enfim, ser entendido. Seguido de uma salva de palmas, permaneci em posição de agradecimento por alguns segundos. Notei que sensei também fazia parte do coro nas palmas e isso me tranquilizara.

Dali em diante, muito sashimi, cerveja e saquê, regados de muitas apresentações. O senhor atarracado que deu o discurso de boas vindas, estava sentado do lado esquerdo de Ueno sensei e, dando a volta por trás dele, formalmente me ofereceu seu "meishi" – seu cartão de visitas, falando com voz rouca e incompreensível, um monte de coisas.

Olhei para o sensei com olhar de quem estava boiando, de quem nada entendia...
- Ele é Mori sensei. É chefe de polícia de Shizuoka e disse para que, se tiver problema por aqui, mostre o cartão de visitas dele.
Após uma pausa, sensei prosseguiu:
- Mori sensei é quinto dan.
- Hai, sensei.
Virei-me para Mori sensei e o agradeci profundamente, guardando seu cartão dentro do dogi.
Continuamos a conversar enquanto outras pessoas chegavam formando um semicírculo ao nosso redor. Sempre dirigiam a mim questões curiosas sobre o aikidô no Brasil. Ueno sensei muitas vezes completava minha fala, sentindo a dificuldade que eu tinha em me expressar. Na verdade, traduzia um pouco da história que ele mesmo viveu. Seus gestos expressivos, acompanhados sempre de um gole de saquê, servido pelos seus discípulos atentos ao nível em que sua taça estava, davam sinais claros da admiração e respeito que todos seus discípulos tinham. Um casal, com suas duas filhas, revezava carinhosamente em servir saquê e completar meu prato com as iguarias, sempre perguntando mais coisas sobre minha cultura.

O casal, senhor e senhora Okimura, faixas pretas nidan, eram artistas plásticos e falavam precariamente o espanhol, pois já haviam estado na Espanha na época de faculdade. A simpatia deste casal me entreteve em longa conversa sobre a forma em que eu, no Brasil, ensinava o aikidô a crianças pré-escolares. Para eles, ensinar crianças de idades entre cinco e sete anos era algo extremamente difícil. Naquele momento percebi que a atenção de quase todos estava concentrada naquela conversa. Estava entusiasmado com a atenção de todos as minhas explicações sobre o método que utilizava para dirigir uma turma de quase vinte crianças, não medindo esforços para ilustrar cada detalhe. Ueno sensei completava o que eu dizia, como se entendesse ou já tivesse visto a forma como eu ensinava. Levantei por diversas vezes para demonstrar na prática como funcionava, por exemplo, o ensino da esquiva utilizando tiras de jornais. Todos ficaram abismados. Por um instante pensei se, em nenhum momento, no que se tratava do ensino da arte marcial para as crianças, nenhum tipo de brincadeira era permitido. Ueno sensei, em certa oportunidade, já me dissera que o sistema japonês é muito diferente do brasileiro e o método de ensino era o muito rigoroso. De fato, pelo que sentira até então, a palavra "sensei" por si só, denotava uma pessoa que deveria receber um profundo respeito, tendo ele até mesmo o direito de repreender seus alunos com ações físicas. Respondi a ele que, se usássemos essa forma de ensinar, no Brasil, teríamos dojôs vazios de crianças, pois minha cultura não assimilaria, por parte dos pequeninos e dos pais, tais métodos. Ueno sensei assentiu com a cabeça.

Ficamos então umas três horas bebendo, comendo e conversando, e o que parecia uma história apenas curiosa, tornou-se uma fonte de interesse. Okimura san então pediu permissão ao Ueno sensei para que no domingo de manhã eu ensinasse as crianças do dojô. Aquilo seria pra mim uma enorme honra. Combinamos o horário e sensei daria a chave do dojô para que eu próprio abrisse para o treino.

Bom, se até aquele momento eu estava me sentindo em casa, dali em diante eu me sentia completamente adaptado.

Minha mente, agora inundada de ideias, obrigava-me a pensar nas aulas que dava para os alunos da escola Espaço Aberto e da Roberto Norio. Os joguinhos, as gincanas e as adaptações que fazia nos wazas.

Bom, criança é igual em qualquer parte do mundo, pensei.

Aquela noite terminara e meu sonho começara. Uma certeza de estar no lugar certo na hora certa e absorvendo tudo que ali me era permitido...

Dia Dois de Julho, Domingo

Acordei pensando na noite anterior e nos amigos que conquistara. Okimura san combinara que às nove horas passaria aqui para me levar ao dojô.

Tomei café com o sensei, que logo saiu para o Jinja. Enquanto aguardava, organizava a aula na minha mente. Sentia-me um pouco ansioso, pois queria dar uma ótima impressão na aula.

Às nove em ponto, toca a campainha.

- Que pontualidade! - murmurei.

Fomos até a casa da sogra de Okimura san e depois até a casa dele, para buscar as filhas, Aya e Tomo.

Chegamos ao Dojô e um grupo de umas quinze crianças já se aglomerava em frente à entrada. Todos já trajando seus quimonos. Desci do carro e Okimura san foi buscar a chave do dojô. Acompanhado pelas filhas dele, caminhamos para junto do grupo que rapidamente se voltou para nós. A esposa do Okimura san, Yasuyo san, veio nos dar as boas vindas, alegremente. As crianças pareciam curiosas pelo treino e, certamente, pela figura exótica que, aos seus olhos, a minha pessoa representava.

Okimura san chega a passos ligeiros e abre o dojô, arrastando a porta de correr. Um corredor foi aberto e Yasuyo san me convidou, com um gesto de mão, para entrar primeiro no dojô. Okimura aguardava ao lado da porta e insistiu para que eu fosse o primeiro a entrar.

Deixei minhas "havaianas" adequadamente alinhadas no hall de entrada e logo me veio aquele cheiro de tatame, envolvendo todos os meus sentimentos...

Eu e Okimura san entramos na ante-sala e eu não pude deixar

de olhar mais atentamente o enorme quadro de Mishima. Vestido com um hakamá branco e empunhando uma kataná, congelava em dois movimentos, cortes transversais. Imaginei que, pelo kamae, tratava-se de alguém que conhecia a arte. Por uns instantes admirei aquele quadro, sendo interrompido pelo Okimura san, imitando com uma das mãos o trajeto que a tantô no ventre de quem fez o sepukku, desenhara.

- Ueno sensei gosta deste aí – falou, apontando para o quadro.
- Eu já sabia. Este é Yukio Mishima – disse eu.

Okimura me olhou admirado, como se quisesse falar mais a respeito. Rapidamente vestimos os dogis e entramos juntos no tatame.

Todas as crianças já aguardavam em seiza o início do treino. Okimura san indicou para que iniciasse o treino. Um dos alunos presentes, um garoto de uns quatorze anos, faixa preta do qual já ouvira a respeito, adiantou-se e dirigiu-se para o tambor. Seu nome era Yoshitaka. No Brasil, Cecília sensei já me falara de um garoto cuja técnica impressionara a todos e que recebera o shodan antes dos quatorze anos. No treino da noite anterior, treinei com ele e pude admirar sua postura e firmeza da técnica, embora possuísse um corpo ainda de criança.

Ao iniciar o aquecimento, pedi que as crianças corressem em volta do tatame, sendo que ao meu sinal, apontaria para um dos alunos que seria o pegador dos demais. Na verdade um joguinho de pega-pega.

Em poucos instantes o grupo quebrou o silêncio inicial e demonstrou entre risos e gargalhadas a espontaneidade típica de criança.

Uma câmera filmava tudo de um dos lados do tatame. Os pais dos alunos, Okimura san e sua esposa, atentos e imóveis, não perdiam um só detalhe. Depois de uns quarenta minutos de treino,

Ueno sensei, Mori sensei, sua esposa e Fukushima sensei, entraram para checar a aula.

Ueno sensei permaneceu em pé ao lado de Okimura san. Conversavam discretamente. Naquela hora, fiquei um pouco apreensivo pela maneira que conduzia a aula. Porém, o que me tranquilizava, era que as crianças estavam curtindo muito. Sorrisos enquanto executavam seus wazas demonstravam a novidade em relação à didática do treino. Sentia que eu estava quebrando um padrão. Todos os presentes, ligados a cada instrução que eu dava, participavam da novidade com sorrisos tímidos e surpresos.

No final, tiras de jornal serviram para incrementar um jiu-waza animadíssimo onde todos, ao mesmo tempo, objetivavam capturar o papel de seu uke, sem ser tocado pelo mesmo. O tempo passou muito rápido e logo percebi que tinha prolongado o treino por mais uns quinze minutos. Sinalizei o final do treino e rapidamente todas as crianças se posicionaram em alinhamento. Notei que umas trinta crianças participaram e todos sorrindo fitavam-me com os olhos cheios de brilho e encantamento. Virei-me para o kamidana e rezei.

Após a cerimônia final, agradeci as crianças e recebi imediatamente uma longa salva de palmas dos que assistiam. Olhei para o sensei e com um balanço positivo de cabeça, recebi sua aprovação. As crianças vieram até mim e me tocavam como se buscassem algo mais. Seus pais também se dirigiam até mim, agradecendo pelo ensino dado aos seus pequenos.

Sem perceber, algumas mães preparavam as mesinhas com várias porções de sushis e sashimis. Ueno sensei, Mori sensei, Fukushima sensei, Okimura san, Yoshitaka e eu sentamos juntos em uma das mesinhas, enquanto os outros ali se dispunham em nos servir. Aquilo já virara mais uma vez uma festa.

Okimura san conversava com o sensei sobre a aula, detalhando as particularidades do treino. Ueno sensei comentava que um treino voltado somente para crianças facilitaria o aprendizado da arte. Lá no Japão as crianças treinam junto com os adultos. Okimura san então me chamou para sentar próximo ao sensei. Cheguei perto, agachei-me e o servi, completando seu copo com cerveja.

- A partir de agora, Marcelo san ensinará todas as crianças do dojô aos domingos - tomando um gole com prazer, impôs com sua voz firme.

- Hai sensei! Para mim será um grande prazer.

Okimura san gentilmente colocou à minha frente um novo copo e encheu-o de cerveja.

Tomamos juntos aquela que, até então, era a bebida de cevada gelada mais gostosa da minha vida. Será que eu merecia tudo isso?

Logo após o treino infantil, as famílias Okimura, Mori, Sensei, eu e Fukushima sensei, nos dirigimos de carro para as montanhas ao norte de Shizuoka. Pela estrada, admirava a vista parcialmente coberta pela névoa e sentia que à medida que subíamos, a temperatura caía. A estrada era especialmente estreita e sinuosa, toda ornada por grandes árvores que compunham a paisagem exuberante e bem conservada. Algumas casas típicas apareciam ao longo do trajeto contrastando com a imensa floresta, como se estas pequenas construções estivessem sendo engolidas pela natureza. A coloração a tornar mais escura e o verde predominava em todos os cantos.

Passamos por uma longa ponte. Lá embaixo, um rio, com suas águas agitadas, corria por entre as rochas expostas. Notei que estávamos bem alto. Repentinamente, uma cachoeira do lado direito da estrada quebrou com imponência o visual. Sua água, translúcida, estrondeava nas pedras, bem próximo à estrada. O carro de Okimura san, em que eu estava diminuiu a velocidade, para que eu pudesse admirar. No pára-brisa dianteiro, respingos da cachoeira colavam e escorriam em um ritmo suave, como se fosse orquestrado pela brisa que levava a névoa de um lado a outro. Enfim, com meus olhos limpos pela beleza natural, chegamos num lugar bem próximo ao topo das montanhas, onde havia um Onsen[26]. O prédio era todo construído em madeira, com dois pavimentos. Um amplo estacionamento abrigava no máximo dez carros e o silêncio do lugar era apenas quebrado pelo estrondo da queda da cachoeira que ficava a poucos metros dali.

Não me contive e segui em busca de uma visão mais privilegiada da queda d'água. Poucos passos adiante, um abismo de uns trinta metros de profundidade, revelava uma grota, na qual um enorme volume de água cristalina espumava em um poço aparentemente pouco profundo, fazendo ressurgir de lá de baixo uma fumaça úmida que subia em direção ao Onsen. Todos, já fora dos carros, também estavam admirando aquela vista. Ueno sensei ao meu lado, parecia estar lendo meus pensamentos.

- Se quer tomar banho lá em baixo pode descer – apontando para o fundo.

- Oba! - rindo como se fosse criança, agitei-me para escolher o melhor trajeto para descer.

Sem demora, tirei minha camiseta, meu tênis, e escorreguei pelo cascalho solto, afundando minhas pernas até a altura dos joelhos, ansioso para sentir a temperatura da água. À medida que descia, o som da água se tornava mais alto e meu coração aumentava o ritmo adrenérgico. Aquilo parecia uma purificação e o sentimento era algo que se originava do fundo do meu âmago. Uma sensação que pouquíssimas vezes senti. Em certo momento da descida, olhei para o alto e vi todos me observando. Notei que ninguém me acompanhara até lá. Na verdade, estava tão excitado em experimentar aquele momento que nem mesmo convidei alguém para ir comigo, embora duvidasse que qualquer um encarasse a água fria, evidenciada pela

26 Região de águas termais advindas do aquecimento da atividade vulcânica.

temperatura do local e pela translucidez da água, indicativo de corredeiras congelantes.

Finalmente cheguei à beirada da corredeira e adentrei-a no sentido contrário da correnteza, em direção à queda d'água. Duas rochas enormes anteparavam o volume da água que vinha em grande velocidade de dentro da floresta, e acabavam servindo de trampolim para a queda. Meus pés sentiram o gelo e endureceram imediatamente. Corri em direção à queda e mergulhei sem vacilar.

- UUUUhhhh!!! Isso é maravilhoso, sensei. Muito obrigado! Domo arigatô, sensei.

Aos gritos, ecoando pelas montanhas, dirigi meu olhar para todos que me observavam de lá de cima, abrindo meus braços como se estivesse tirando tudo de ruim de dentro e abrindo espaço para toda a atmosfera daquele momento. Mais dois mergulhos. Já não sentia mais o gelo da água e meus músculos todos retesados me encorajavam a permanecer por mais uns segundos ali.

Após ralar para voltar ao topo, já que aquele cascalho desmoronava na medida em que pisava, Okimura san me aguardava com uma toalha e meus pertences. Ueno sensei sorrindo apenas me olhava. Virei-me em sua direção e parei bem na sua frente, me encurvando em sinal de respeito.

- Sensei, muito obrigado por estar me proporcionando tudo isso. Obrigado mesmo.

Segurando minha toalha junto do peito flexionei meu corpo várias vezes.

- Ah, tá bom... Tá bom... - respondeu o sensei, rindo.

Entramos no Onsen e fomos direto para um quarto onde já haviam separado um roupão, chinelos e nécessaire para cada um dos clientes. As mulheres, juntas, foram para um quarto vizinho, separado apenas por uma porta de correr. Alguns minutos após, todos já vestidos com seus roupões, seguimos por um corredor decorado por obras de arte antigas típicas. Uma ampla visão das montanhas dava aquele lugar um ar de paz e harmonia - como quase tudo que vira até então. Uma atendente vestida com um lindo kimono e com uma maquiagem impecável, gentilmente abriu uma grande porta de madeira toda trabalhada. Neste ambiente, vapores escondiam pessoas submersas até o pescoço em um ambiente tranquilizador. Lá, homens e mulheres, todos nus, desfrutavam de um enorme tanque de pedras, com água extremamente quente, advinda das mais profundas camadas da terra. Ao ar livre, o frio úmido e a estupenda paisagem, obrigavam todos a emergir o corpo, enquanto os pensamentos vagueavam pela imensidão de sensações que aquele espaço sutilmente impunha. Meus amigos e meu sensei, agora em total silêncio, comigo compunham, em um único suspiro, aquele lugar mais que maravilhoso...

Subimos então para o quarto reservado, e, ornado com as mesinhas típicas, um banquete agora nos esperava. Regado a muita cerveja e saquê, o aconchegante local favorecia uma boa conversa sem compromisso e cerimônia, num ambiente de satisfação e cumplicidade.

No quarto ao lado, diversos futons nos aguardavam para a merecida siesta, após nos empanzinarmos de comida e bebida.

Pouco a pouco, meus colegas discretamente se afastavam da mesa e se acomodavam no quarto ao lado. A porta de correr, aberta, era ilustrada com um sumiê[27] enorme revelava a natureza do local. Meus olhos pesados e o corpo completamente relaxado impuseram-me o toque de recolher. Ueno sensei conversava, gesticulando muito com Mori sensei e sem interrompê-los, retirei-me.

Um sono profundo dominou a vontade que tinha de permanecer admirando a paisagem, pela ampla janela, e curtos espasmos musculares retomavam-me a uma superficial consciência. Senti um peso em meu abdômen e sem forças para abrir os olhos

27   Desenho feito a pincel típico japonês.

tateei notando um volume. Risos agora definitivamente me despertaram e erguendo minha cabeça conferi Ueno sensei deitado com sua cabeça em mim. Todos ali se divertiam com a cena e fotos eram clicadas congelando o momento. Sensei de olhos fechados, mas obviamente acordado, expressava um sorriso característico, endireitando sua cabeça na minha barriga. Comecei a dar risada fazendo com que sua cabeça balançasse com vigor. Petelecos em minha cabeça informavam para que me aquietasse e minha barriga serviria naquele momento de um belo makurá (travesseiro japonês).

Deixamos aquele inesquecível lugar já com o fim de tarde apontando nas montanhas, onde o sol nublado pela serração se acomodava calmamente. O fim do dia deu-se na casa de Ueno sensei, com mais comida e bebida. Apenas os homens agora partilhavam desde momento. Tomei a liberdade em mostrar as minhas fotos trazidas do Brasil. A família, os amigos da Prainha Branca, os peixes capturados na caça submarina. Estes foram admirados pelo tamanho e quantidade, mas o que mais me orgulhara, sem dúvida, era sentir-me entre amigos de longa data, tão longe de casa, mas tão próximos do coração.

Três de Julho, Segunda-Feira

Como de costume, acordei e dei uma geral na casa. A louça do dia anterior quase transbordava pela pia e passei umas duas horas na "lida". Saí, em seguida, para buscar as fotos que deixara para revelar e, indo a pé pela avenida, a passos lentos, começava a admirar os detalhes mais peculiares do trajeto. As calçadas possuíam uma faixa mais áspera para que os deficientes visuais pudessem se guiar com mais autonomia, além disso, os semáforos possuíam um sistema de toques sonoros para que os mesmos pudessem atravessar as ruas e avenidas com segurança.

- Quanto tempo o Brasil terá de esperar para que os deficientes de lá tenham isso? – indaguei-me.

Cheguei à loja e bati na sineta. O senhor que me atendera no dia anterior apareceu e pediu para que aguardasse um instante, voltando para o interior da loja. Segundos mais tarde, agitado e falando compulsivamente, tal qual fizera quando eu deixei as fotos, mostrava o envelope com umas das mãos e coçava a cabeça coberta por um boné com a outra. Esforçando-me para compreender o que ele queria, fui logo tirando o dinheiro da pochete e perguntando quanto custara a revelação. Ele, parecendo mais angustiado, agitava a cabeça em negação ao meu gesto e, abrindo o envelope, começou a mostrar as fotos.

Apoiei-me no balcão e, por um instante, parece que entendi algo do que o agitado senhor tentava me dizer. Algumas fotos teriam queimado, o que, a meu ver, era natural, mesmo porque, a Zenit que eu levara, possuía alguns atributos que eu nunca soube para que serviam, mas que mesmo assim eu insistia em girar o botão em posições diferentes para testar se as fotos teriam algo de mais artístico. Pura pretensão!

Assim, entendido o problema, paguei apenas as fotos reveladas. Agradeci ao senhor e segui pela rua em busca de uma agência de correio. Um senhor que andava pela avenida, com sacolas de supermercado, serviu-me gentilmente de guia para encontrar a agência, já que pelo que parecera, seu destino era a mesma direção. Pelo trajeto, contei de minha terra natal e o porquê de eu estar no Japão. Dizia ele que quando jovem praticara judô... Suas orelhas deformadas não me fizeram duvidar de tal conto. Agradecendo ao senhor, em frente à agência, acompanhei sua silhueta desaparecer, ao virar a esquina, imaginando boas histórias de suas lutas.

Finalmente comprei os cartões e retornei para o Jinja, a fim de desvendar mais sobre as trilhas cobertas pela densa floresta, aliviando dentro dela o calor inexplicável que teimava a cada dia, mais rigoroso. Por uns quarenta minutos, caminhei no sentido leste da montanha, onde já era possível, através das clareiras, enxergar as paisagens mais distantes. O horizonte era dividido pelo azul do céu e uma névoa úmida. Parei em um dos bancos de madeira e bebi um suco de laranja comprado em uma das máquinas de moedas do templo. Passando os olhos pelo amplo campo visual, notei uma montanha assentada bem ao fundo, mas incrustada no horizonte: o Fuji San. Imponente como sempre, parecia esperar para que eu tirasse umas fotos dele. Tirei a máquina da mochila e, calmamente bati três fotos. Parecendo ser dono do tempo, o Fuji, pouco a pouco se escondia atrás da névoa. Tímido, mas soberano.

Voltei para casa, passando o resto do dia escrevendo sobre todas as emoções sentidas e vividas até aquele momento.

À noite, fui treinar karatê, com Fukushima sensei. Um treino duríssimo. Ao retornar, Ueno sensei já estava recolhido ao seu leito. Na mesa baixa da sala, deixara a janta toda pronta à minha espera. Uma gentileza que nem sequer esperava. Em silêncio, jantei, tomei banho e fui dormir. A claridade da lua, quase cheia, adentrava pelo quarto, que tinha as cortinas entreabertas. Vagueando junto com a claridade, meus pensamentos, sem limite, transitavam pela realidade, pela imaginação e pelo sono... Eu não distinguia mais o que era fato ou ficção...

Dia Quatro de Julho

Acordado por uma agitada e grossa chuva, fui obrigado a esperar em casa até amenizar o pé d'água, aproveitando para escrever os cartões que havia comprado no dia anterior.

Namorada, Padinho Ré, Mãe, pessoal do Caná, prof. Sampaio, Maria sensei, Jaqueline (minha irmã), amigos da Prainha e a minha professora de Aikidô, foram aos que detalhadamente contei sobre a minha primeira semana no país do Sol Nascente. À medida que escrevia as lembranças daqueles sete dias, vinham à mente outras lembranças dos mais alegres momentos de minha vida. Dividido em recordações de quando estava só, pegando onda em um mar perfeito, num pôr-do-sol clássico, ou nos memoráveis churrascos na casa do Ruelito, compostos de, no mínimo, trinta pessoas, "a Balada da Praia Branca"...

Dias de reclusão, nos encontros de jovens, no colégio Cristo Rei, na alegria de servir aos novatos que chegavam, e da trip para o Nordeste, de ônibus, com um amigo da época, que trabalhava como digitador no Banco Itaú, marcado por uma garota carioca, linda. Para encontrá-la, tinha que pular um muro de uns três metros e correr de um minúsculo cão chiuaua, evitando que esse se esgoelasse de tanto latir e acordasse os tios dela, que a hospedavam em todas as férias de julho, para passar a temporada. Lembrei-me de suas formas ainda de menina e de seu suave cheiro de mulher...

A chuva, enfim, dera uma trégua e eu segui para enviar os cartões ao Brasil.

Remetidos os cartões, fui ao Jinja correr. No trajeto, a grossa chuva novamente molhava a tudo sem dó. Entrei num mercado 24 horas e pedi um saco plástico para que acomodasse o dinheiro e o meu passaporte, para que não ficassem encharcados. Apertei a fivela da pochete e saí rumo ao Templo, na rua, próximo ao meio fio, tomando toda a chuva, que rapidamente me ensopava. Sentia-me tão bem que cada gota era sentida com uma verdadeira bênção. Os pensamentos não tinham uma lógica, eram apenas flashs...

Em ritmo acelerado, adentrei no Jinja e, passando pelo uketsuke, vi Ueno sensei passar o olhar em minha pessoa. Rumo ao topo do morro, na escadaria, tirei a camiseta e segui de dois em dois degraus para a trilha oeste. Para minha surpresa, outras pessoas, grande parte, idosos, também caminhavam pelas trilhas, protegidas ora pelos guarda-chuvas, ora por capas. Aquela cena me motivava a apertar o ritmo da corrida. Quando cruzava com as pessoas, um sonoro "Gambatê Kudasai" incentivava o esforço. Eu, quase que despido, molhado da cabeça aos pés, chamava a atenção dos que cruzavam o mesmo caminho. As cheias poças de chuva não mais me intimavam e, a cada passo firme, a barrenta água se espalhava para todos os lados.

Certo momento, a trilha parecia terminar e uma pequena escalada, guiada por troncos e fitas de sinalização, mostrava o rumo a seguir.

Por fim, depois de quase uma hora, com o suor misturado com a doce e quente chuva, pude ver outra paisagem. Aquela enquadrava a parte central da cidade, recortada pelos edifícios que engoliam um rio extenso e sinuoso e que brilhava em certo ponto, iluminado por uma clareira de nuvens, deixada, gentilmente, para uma boa foto.

- Click! Essa vai ficar boa!

Inspirei todo o ar possível e me alonguei junto de uma árvore que fazia companhia a um banco de madeira solitário. Meditei no vazio da plenitude daquela cena.

Na volta, caminhando, passei novamente pelo uketsuke e dei um "bom dia" formal a todos do Jinja. Sensei, como sempre, apenas olhou para aquela figura suada e encharcada pela chuva, suor e lama, e com um discreto sorriso, abaixou a cabeça, retornando aos seus afazeres.

Retornei para casa, tomei banho e preparei o meu almoço, assistindo um dos filmes do O Sensei, Morihei Ueshiba.

Lá pelas quatro da tarde, segui para o Dojô, montei os tatames e comecei a treinar sozinho alguns movimentos com o bokken. Algum tempo depois, o silêncio foi quebrado pelo som das britas do lado de fora, causado por um carro que se aproxima. Já vestido para o treino, Terutaka san adentrou no tatame.

- Konnichi wa – disse.
- Boa tarde – respondi, em português.
- "Boua tarude"? – disse, tentando acertar a pronúncia.
- B o a T a rr de – soletrei, vagarosamente.
- "Bua tarrudii"? – insistiu.
- Diga "Boa"...
- Boa – respondeu.
- Agora diga "tarde".
- "Tarude" – gaguejou.
- Ok. Agora tudo junto, Boa Tarde - solicitei ansiosamente.
- "Boa Taruide" – com dificuldade, repetiu.

Olhando para ele e, rindo sem parar, acenei com a cabeça e dei positivo com ambas as mãos, deixando-o mais à vontade com a minha língua mãe. No Japão, a pronúncia do "erre" é um verdadeiro problema. Dirigindo-se para o outro lado do dojô, Terutaka san repetiu por várias vezes: Boa Tarude, Boa tarude - rindo de si mesmo.

Começamos a conversar e tratamos logo de apresentar mutuamente nossas preferências e, por incrível que pareça, o surf foi nosso hobby preferido. Contei a Teru san as diversas trips do Brasil e os points preferidos pelos surfistas daqui. Ele, apesar do trabalho, que sempre consumia boa parte do seu tempo, relatou boas praias para o surf e combinamos de surfar juntos na semana seguinte.

- Dá pra acreditar? Surf no Japão? – murmurei.

Durante o treino, ministrado por Mori sensei, treinamos todo o tempo em swari waza[28], e fui corrigido por diversas vezes em relação à movimentação e postura. No final do treino, Okimura san convidou-me para almoçar e sua esposa perguntou-me se eu gostaria de aprender a caligrafia japonesa. Obviamente não neguei, nem pela gentileza, nem pela curiosidade.

Como já se fazia ao final dos treinos, as crianças me cercavam

---

28   Técnicas executadas de joelhos.

e perguntavam mais sobre o meu país. Um garotinho, faixa amarela, chamado Shingo, para minha surpresa, presenteou-me com diversos cartões postais japoneses. Para retribuir, naquele momento e à custa de risos, um forte abraço e um beijo no rosto dele, aos olhos de todos, foi a forma que encontrei para agradecer a mais uma das inúmeras alegrias recebidas.

Já em casa e jantando com Ueno sensei, degustando um delicioso saquê e um suculento sashimi, ríamos juntos pelas trapalhadas de humor de salão de um programa de televisão japonês. Pela primeira vez, vi sensei rir de chorar.

Falamos do Brasil e jogamos muita conversa fora. Ele contou-me um pouco de sua história pessoal, da família, pais e antepassados. Sensei falara que viera de uma família de pescadores da província de Aichi Ken. No Brasil, um dos meus professores me contou da iguaria "inigualável" de tripa de peixe que fazia sucesso como acompanhamento dos memoráveis "Biru Dôs" na casa de Ueno sensei, regado a muitas risadas. Seus olhos brilhavam pelas lembranças. Lá estava eu, comprovando as habilidades de culinária dele, que fazia jus ao que diziam...

Dia Cinco de Julho

Tomei café da manhã sozinho, em silêncio, pois sensei ainda dormia. Naquele dia era sua folga e acreditei que o sono era parte da diversão dele. Chovia forte, mas mesmo assim fui correr no Jinja.

Cheguei ao topo da montanha e fiz umas séries de barras no galho de uma árvore, tendo a impressão de estar vivenciando um filme ou o conto de um livro. A distância do Brasil e das pessoas queridas não pesava na saudade, mas vivia a intensidade dos momentos. Surgia sim, em silêncio, a vontade de contar a todos as impressões daquele povo, que já se fazia meu amigo.

Retornei para a casa, tomei uma ducha e, pela segunda vez, então em companhia do Ueno sensei, tomamos café assistindo às notícias do jornal local.

Às onze horas em ponto, Okimura sensei toca a campainha e juntos fomos ao museu histórico de Shizuoka, o Toro Museum, um lugar formidável.

De lá, seguimos para comer moti[29] em um lugar de arquitetura tradicional, de uma simplicidade e perfeição plena. Um lugar propício para longas conversas. Okimura sensei, por sua profissão, era uma pessoa bastante curiosa e conversamos por uma hora e meia sobre as particularidades das nossas culturas.

Depois seguimos para uma mega livraria e me deliciei diante de centenas de livros de Budô, O Caminho Marcial. Um dicionário de kanjis, mais parecendo um bíblia, chamou-me atenção pelo preço embutido nele, nove mil e duzentos ienes, por volta de cento e trinta dólares.

Ele, sempre atencioso, trazia de outras sessões, livros que achava que eu gostaria de folhear. Estudantes trajados de uniformes, vorazmente se deliciavam na sessão de mangás, não parecendo perceber o tempo passar.

Acabamos por tomar um café da tarde em um shopping, enquanto conversávamos sobre filosofia do budô. Colocava minhas palavras compreendendo absolutamente tudo da ideia que Okimura sensei expunha e fazendo comparações com as experiências de minha própria vida, principalmente as adquiridas nos estudos com os amigos do Encontro de Jovens de Caná...

Via seus olhos abrirem de espanto. Dizia-se impressionado com a forma como eu colocava o pensamento, e que Ueno sensei ensinava os mesmos princípios. Como era possível uma pessoa do outro lado do mundo, que até então nunca havia tido contato com

---

29 Bolinho de arroz japonês.

ele antes, ter ideias praticamente iguais?

- O espírito do homem não tem pátria, somos todos da mesma origem – disse-lhe eu.

Ele acenava com a cabeça, concordando com o que eu falava.

Pedi que ele me contasse um pouco da história do período dos samurais e, pacientemente, entre uma expressão e outra, procurada no dicionário português-japonês, falou-me do grande Shogum Tokugawa Iyeasu, a grande figura que unificou o Japão no século XVI.

Dizia também que muitos japoneses, principalmente os jovens, não estavam mais se importando com a história cultural e os costumes passados de geração em geração, e que a influência ocidental afastava os mais novos do Budô. Por diversas vezes, falou a respeito da hierarquia dentro e fora do tatame, talvez querendo me avisar sobre os possíveis alunos que treinavam pouco, em função do trabalho, por estarem quase sempre ocupados, e que tinham uma "qualidade técnica" inferior. Muitos desses alunos, com os quais tive a oportunidade de treinar, eram de altas graduações. Nossas conversas atravessavam as horas. Em certo momento, perguntei em tom de brincadeira:

- Atualmente existe algum samurai vivo?

Okimura san tomou um gole de café, apoiou um dos cotovelos na mesa e me respondeu:

- Ueno Sensei.

Já era noite e retornei para casa. Sensei já se encontrava jantando. Contei sobre a alegre tarde que tive e sobre as gentilezas a mim concedidas por Okimura. Estava muito cansado e petisquei algo.

Pouco tempo depois, a esposa de Okimura, Yasuyo san, viria me buscar para aula de caligrafia. No trajeto, conversamos mais sobre as curiosidades de nossos países. Durante a aula, recebi de presente um par de pincéis e uma bisnaga de nanquim. O professor, assim como todos os que conheci até ali, usava de paciência e tranquilidade para fazer-me compreender as linhas e traços que dançavam sobre o papel de arroz. Meus garranchos e borrões me instigavam a tentar por diversas vezes pincelar com a sutileza de uma serpente que se arrasta pelo solo sem provocar ruídos. Lá tudo é sentir. Percebendo minha inabilidade, notou que teria mais facilidade em escrever de forma corrida ao invés de fazer traço por traço.

Em sua mesa acima do tatame, Tanaka sensei observava todos os alunos e chamava um a um, para corrigir os traços.

Na minha vez, observou a última escrita feita por mim.

- Vamos tentar este – e pegando uma folha nova, escreveu em um único movimento contínuo.

- Kaze... Sabe o que significa?

Ainda admirado pela perfeição do traço e sem tirar os olhos da folha, disse:

- Hai, sensei – Vento. O Kanji de vento.

Voltei para a mesinha baixa e fiquei admirando aquela arte e a forma que sua mão bailou no papel, tentando, em minha mente, copiar exatamente aquela ação tão precisa.

Respirei fundo, arrumei o papel, molhei o pincel no nanquim e deixei fluir...

A Sra. Yasuyo olhou e em silêncio comemorou o meu feito.

- Joozu desu. Muito bom.

Orgulhoso, admirei o meu Shodô[30], até o sensei me chamar.

No final da aula, deu-me os parabéns e convidou-me para seguir com as aulas pelo tempo da minha estada.

30 Arte sino-japonesa da escrita, "sho" significa caligrafia e "do", caminho. Essa arte tem origem no budismo e é considerado um caminho meditativo para o autoconhecimento.

- Sua letra está muito boa. Parece que seu treino de aikidô é bem polido também. Continue treinando e se esforçando...

Agradeci os elogios e me comprometi a voltar na próxima semana.

Naquele dia, novamente revolto em meus pensamentos e sensações, só pude meditar que, aos poucos, parecia estar vivendo uma grande lenda...

No Japão, tudo faz parte de um todo. Toda forma de expressão tradicional parece ter mesmo princípio: Disciplina, Respeito, Dedicação e muita, muita prática.

De volta, Ueno sensei já tinha secado meia garrafa de saquê em companhia de Fukushima sensei. Contei a ele sobre minha primeira aula de Shodô.

Mostrei as primeiras tentativas e os garranchos inicialmente.

- Parece letra de criança de primário, né? – rindo de uma maneira carinhosa, comentou.

- E este aqui, sensei? – mostrando o kanji de Vento.

- Ora, esse está muito bom mesmo. Foi você mesmo que fez?- duvidando de mim, olhou-me com uma risadinha desconfiada.

- Foi, sensei. Depois de muito olhar as mãos do sensei de shodô, tentei copiar e saiu assim.

- É, mas esse não foi cópia igual não! Esse aqui tem seu sentimento...

Parei, olhei novamente para o meu kanji e pensei que esta observação era mais profunda do que pensara, mas, no momento, não percebi a sutil observação de tal comentário. Fukushima sensei ajeitou uma almofada e pediu para que petiscasse e bebesse com eles.

Até o final da noite conversamos sobre minhas impressões do Japão, e desta vez, tanto Ueno quanto Fukushima sensei, escutavam atentos a tudo que dizia. Em alguns momentos, eles comentavam em curtas frases incompreensíveis para mim.

Foi um dia muito intenso e cansativo, porém de muitos exercícios... Todos aqui se esforçavam para que me sentisse uma pessoa especial.

Deitado já no Shikifuton, lembrei de uma pessoa muito querida que frequentemente me fazia sentir assim. O meu padrinho Ré. E meus olhos não contiveram as lágrimas...

SEIS DE JULHO

Esse foi o dia que fiquei mais tempo dormindo. Eram oito e quarenta e cinco e dormi tão profundamente que acordei na mesma posição em que adormeci. Estava realmente quebrado.

Arrumei a casa depois de tomar café, já que no dia seguinte conheceria a esposa de Ueno sensei. Ela viria junto com Naotake san para ficar por alguns dias aqui.

Assisti a um capítulo de uma novela e gostei muito da beleza de uma atriz, bem como de uma linda música de abertura.

Lá pelas cinco e meia da tarde fui para o Jinja treinar Aikidô. Chegando lá, assisti por uns instantes a uma cena formidável. Sensei treinava sozinho defronte ao espelho, Iaidô, a arte de sacar a espada.

Ele não percebeu que eu o observava de fora do Dojô. Parecia estar tomado por um espírito. Os cortes sempre muito precisos pareciam ter alvos determinados. O som do zunir da lâmina com o do vento que seu hakamá produzia, mostrava uma técnica apuradíssima e rara. Lentamente tirei minha mochila das costas e procurei, sem tirar os olhos dele, a máquina fotográfica. Tateava dentro e achava tudo, menos a maldita da máquina.

- Tá aqui! – Preparei o foco e...
- Não é possível – tive que girar o botão do filme.
- Agora vai... Uma, duas....

O barulho dos cliques chamou atenção do sensei e ele, sem demora, embainhou o kataná e se recolheu para sua saleta.

Durante o treino fiquei pensando sobre a cena que vira há pouco. Em meus wazas, tentava repetir com minhas mãos a beleza do momento.

– O sensei, realmente, é um mestre...

SETE DE JULHO

Festa de Tanabata. As árvores estavam todas enfeitadas com tiras de papéis coloridos, penduradas nos galhos mais baixos, levando principalmente os pedidos de saúde e dinheiro. Para as crianças, sucesso nos jogos de baseibol e futebol. As roupas típicas eram notadas principalmente entre os pequenos. Quimonos curtos, os Junbi, coloridos, acompanhavam o alegre dia. No Jinja, as belas meninas que trabalham junto ao Sensei prepararam uma peça de teatro típica folclórica convidando as crianças a participarem da encenação.

Por todo o dia, barraquinhas de moti e guloseimas nipônicas permaneceram disputadíssimas pelos visitantes do Jinja. O templo refletia uma atmosfera comemorativa e familiar.

Pessoas de todas as idades rezavam por uns instantes diante do portal. Os guardiões do templo pareciam receber os pedidos de todos, servindo de mensageiros dos kamis. O dia claro e ensolarado desvendava a vontade de festa dos deuses.

No final da tarde, sensei e eu fomos à estação de trem receber a esposa dele. Aguardando na catraca de acesso, uma senhora extremamente bem vestida e carregando várias sacolas, acenou em nossa direção. Na medida em que se aproximava, o suave semblante, delineado com uma maquiagem perfeita, revelava a beleza de Dona Yukiko.

— Hajimê mashite. Eu sou o Marcelo — apresentei-me, oferecendo-me para carregar os pacotes.

— Hajimê mashitê. Ueno Yukiko - curvando-se à frente, apresentou-se, deixando exalar uma suave fragrância de perfume.

— Nossa sensei, como sua esposa é linda — comentei, em português.

Dona Yukiko, sem saber o que falei, olhou para o sensei, que traduziu o que eu dissera. O breve olhar dela, seguido de um novo cumprimento, um pouco mais demorado, pareceu me agradecer.

— Dômo arigatô gozaimasu.

A suavidade da voz dela e a harmonia dos movimentos me fizeram constatar que estava diante de uma senhora educadíssima...

Seguimos para casa e, pouco tempo depois chegou Naotake san. Juntos, sentados na sala, saboreávamos novamente um jantar num clima bem descontraído. A esposa do sensei estava sentada entre a sala e a porta de correr que dava acesso ao quarto, um pouco mais atrás dele. A delicadeza com que manuseava seu copo de chá e os hashis[31] era proporcionalmente igual à suavidade com que saíam as palavras de sua boca e a formalidade como sentava.

Mostrei minhas fotos para ela enquanto sensei falava de minha pessoa. Percebi, à medida que a noite passava, que era melhor eu ir dormir. Naotake san já se retirara para o quarto e adormecemos conversando sobre as peculiaridades do sexo oposto...

OITO DE JULHO

Nesse dia acordei mais cedo, por volta das sete e meia, pois Yoshitaka san e a mãe dele me levariam para uma Cerimônia do Chá.

Yoshitaka san estava com quatorze anos e já demonstrava

---

31 Varetas utilizadas como talheres em boa parte dos países do Extremo Oriente, como a China, o Japão, o Vietnã e a Coréia.

uma aplicação para as artes, com a maturidade de um adulto. Seus Wazas eram firmes, apesar da pouca estrutura física, e seu olhar já impunha certo respeito, mesmo tendo um rosto ainda infantil.

O salão de chá estava a uns quarenta minutos de carro, em uma avenida pouco movimentada. A entrada era composta de um amplo portão de madeira trabalhada no qual era possível ver através dele o grande jardim, extremamente bem cuidado, riquíssimo em bonsais e pedras dispostas de forma zen.

Uma recepcionista vestida de quimono veio dar as boas vindas e conduziu-nos ao salão principal.

O salão, todo de tatame, era composto de vários shojis com escritas e pinturas das paisagens locais. O silêncio era quebrado apenas pelo canto dos pássaros e pelo transbordar da água de uma fonte que era vista ao fundo e do lado de fora do salão. Uma suave brisa bailava entre as árvores e levava as folhas que caíam ao chão. Permanecemos sentados formalmente por alguns instantes. Por uma porta lateral, apresentou-se a sensei de Sadô, extremamente bem vestida e de postura perfeita. Convidou-nos para uma sala menor e, já dispostos com almofadas, com um pequeno lenço à frente, colocamo-nos em seiza. Em um dos lados na sala, pendurado por uma corda, um tacho de barro esquentava a água, e a ebulição soava como música. A aparência do lugar exigia silêncio e contemplação. A sensei manualmente preparava os Chawans em movimentos rítmicos, suaves e precisos. A cada um, todo o ritual era minuciosamente repetido. O verde vivo da cor do líquido, bem como seu sabor pouco amargo, contrastava com a quietude do lugar, obrigando a quem desfrutava daquele momento, a sentir em profundidade as diferentes sensações.

Via-me envolto e conduzido pela energia da sensei. Por fim, admirando a sutileza da cerâmica, pude descobrir o grande prazer que na simplicidade podíamos desfrutar.

Em uma parte da sala, as portas de correr estavam escancaradas, propositalmente, para que ainda pudéssemos admirar o jardim ao fundo. A vontade era não mais sair dali. O corpo parecia mais leve e as preocupações com as formalidades já não incomodavam mais. Por pelo menos duas horas, permanecemos quase sem nos comunicar, sem mesmo nos notar. O tempo parecia parar. Meus batimentos estavam lentos, como prestes a adormecer.

Saímos da cerimônia do chá e fomos almoçar frango frito. Que contraste! Comemos até nos saciar. Fomos para o Jinja e conversei sobre pescaria com Yoshitaka, que dizia também pescar com máscara e snorkel, nos rios de Shizuoka. Um peixe chamado "Aiyu" era o grande troféu da pescaria, por possuir um sabor suave, lembrando vagamente o gosto do pepino japonês. Combinamos para um dia irmos juntos pescar.

Chegamos ao dojô e tiramos do porta-malas os uniformes de Kendô. Seria minha primeira experiência nessa arte. O relógio marcava quinze para as quatro da tarde. Alguns alunos, já paramentados, aguardavam em meditação.

O sensei, em pé, corrigia a postura dos alunos com a ponta de seu "shinai". Yoshitaka e eu aguardamos na entrada do dojô pela permissão do sensei. Finalmente, Yoshitaka san cumprimentou-o e apresentou-me, pedindo a gentileza de permitir que eu treinasse. Permaneci na entrada do dojô enquanto observava o diálogo.

O sensei olhou em minha direção e, acenando com a cabeça, concedeu o pedido do pequeno mestre. Vestimos-nos e fomos treinar.

Por duas horas, cerca de vinte alunos esbravejavam "Kiais"[32] intermináveis, acertando com suas espadas de bambu, ora a cabeça protegida pelo capacete -"men" -, ora os punhos. Cada golpe era sentido violentamente e os que acertavam a cabeça me deixavam

---

32 Gritos do espírito

completamente atordoado. Yoshitaka me orientava sobre algumas "manhas" de defesa e contra ataque. O uniforme, embora protegesse parcialmente o corpo, aumentava muito o desgaste. O calor produzido pela vestimenta esgotava minhas forças rapidamente. O treino terminou e eu estava incomensuravelmente cansado...

Seis horas da tarde em ponto o treino terminou e o sensei pediu-me para comparecer aos treinos todas as semanas até o meu retorno. Agradeci e me comprometi a praticar com o grupo. Tirei minhas vestes, estava completamente esgotado e encharcado. Juntos, eu e o pequeno mestre fomos tomar uma bebida e, descansando em um banco do Jinja, esperamos o treino de Aikidô começar.

Por mais uma hora e meia treinamos agora sob orientação de Ueno sensei, Yonkyo[33].

Meus punhos, em pandarecos, nunca ficaram tão inchados e doloridos e, pela primeira vez, senti o corpo realmente esgotado. Treinei em um ritmo mais lento que o habitual.

Terminado o treino, notei que Yoshitaka san também estava na mesma situação e o olhar dele demonstrava o esforço que tinha despendido.

Mori sensei, chamando-me do lado de fora do dojô, ofereceu-me emprestado uma bicicleta, veículo de muita utilidade por lá. Ueno sensei, ao lado, observava minha reação.

- Mori sensei está emprestando para o Marcelo essa bicicleta – disse ele, achando que não estivesse entendendo o que Mori sensei dizia. De fato, Mori sensei impressionava, não só pela sua forma física, mas como também no tom de sua voz.

- Hai, sensei, eu entendi.

Notei que todos lá, de alguma forma, queriam me fazer gentilezas e me transmitir a melhor impressão possível. Desde o primeiro dia, no Japão eu me sentia realmente bem.

---

33   Técnica de aikidô aplicada no punho do ukê.

Agradeci ao Mori sensei e retornei para casa, desta vez de bicicleta. O vento que batia em minha face era o melhor vento que senti na vida até então. O céu estrelado cintilava e tranquilamente segui pela avenida sentindo o prazer de pedalar...

Dia Nove de Julho

Dona Yukiko me presenteou com um farto café da manhã, com direito a ovos misturados com legumes, carnes, cogumelos shitake, preparados na mesa em uma panela elétrica, além do tradicional tsukemono, gohan e peixe assado.

Enquanto admirava a agilidade e precisão no preparo, pude notar seus traços suaves, porém, com força de mulher com temperamento muito forte. Seus olhos já se aprofundavam nos meus e senti mais liberdade para conversar sobre minhas curiosidades de Ueno Sensei.

- Yukiko san, qual a idade de Ueno sensei? – perguntei, sem rodeios.

Sorrindo e sem tirar os olhos da panela, respondeu pausadamente:

- Sensei está com cinquenta e dois anos.
- Nossa, sensei aparenta menos, não é? Está com muita disposição ainda.
- É por causa dos treinos de aikidô. Ele nunca deixou de treinar. Por isso sua saúde é admirável- falou, demonstrando orgulho de seu marido.

Ela então me serviu com uma generosa porção do preparado.

- Sensei diz que o treinamento deve ser diário para que o corpo se fortaleça. Entendeu, Marcelo san?

Eu, com a boca cheia e degustando a deliciosa comida, disse:

- Hai Okusan, compreendi! Mas que delícia essa comida...

- Então coma bastante, Marcelo san.

Satisfeita com o elogio, seguiu servindo-me uma tigela de arroz.

- Sabe, Okusan, lá no Brasil todos sentem muitas saudades do Sensei e todos ainda esperam-no para ensinar aikidô e tomar cerveja.

Ela riu escondendo a boca em um gesto sublime e característico das mulheres daqui.

- Ele deixou muitas saudades lá e meus professores deram-me essa oportunidade para conhecê-lo, já que me formei na faculdade e sou Ikyu, faixa marrom. É uma grande honra para mim.

Okusan, servindo-me chá em um chawan rústico, porém lindo, continuou o diálogo:

- O sensei estava muito ansioso com sua chegada também. Preocupou-se de como você conseguiria chegar até aqui em Shizuoka. Depois que você escreveu a carta dizendo por qual empresa viria para cá, ele todos os dias ligava para Tóquio para saber detalhes do horário e para dizer que lhe esperaria pessoalmente na estação de trem.

Okusan colocou o shoyu na tigela para que comesse junto com o peixe.

- Ele está muito contente com sua presença.

Meus olhos marejaram.

- Marcelo san é muito bem vindo aqui em casa – finalizou.

Satisfeito com o maravilhoso desjejum, arrumei o quarto, peguei meu dogi, e segui para o Jinja, pois daria aula para as crianças.

Naquela aula utilizei tiras de jornal para aplicação da técnica irimi naguê. Os pequenos curtiram à beça. O jogo de pega-pega tornou-se obrigatório nas aulas de domingo. Mais crianças chegaram para treinar. Ao todo já passavam de trinta.

Okimura san não perdia um só detalhe e, atento a tudo regulava a máquina ajustando o tripé.

Após o treino, suados pelo forte calor que nos castigava,

contentes, seguimos para um restaurante de crepes japoneses. Aquela reunião se tornou uma festinha...

Pela primeira vez, segundo Yasuyo, Okimura san permitira que uma pessoa, exceto ela, pudesse ver suas pinturas ainda inacabadas. Em seu ateliê, telas espalhadas em apoios decoravam a pequena sala rodeada por amplas janelas com vista para um bosque. Sua arte, diferente de tudo que vira até então, possuía um tom nebuloso, mas cheio de expressão.

No Japão, o artista se dá ao luxo de viver bem com sua arte. Conseguem viver bem com esse tipo de trabalho. O artista ou o artesão é respeitado por lá.

Seguimos para um chá gelado na casa dos pais dele e, de lá, fomos para a casa dele.

No dia seguinte seguiríamos para o monte Fuji.

Dia Dez de Julho

Eram cinco e meia da manhã e já estávamos dentro do carro seguindo por mais ou menos duas horas de estrada.

No Japão as estradas são bem estreitas e não se pode determinar onde começa uma cidade e inicia outra. As casas sempre aparecem ao longo do percurso e é difícil achar um lugar descampado nestas imediações. O sol já dava as boas vindas e, excepcionalmente, o dia estava maravilhoso. O céu não tinha manchas, nem sequer por uma única nuvem. O horizonte permanecia límpido e podíamos ver dezenas de quilômetros adiante. Conversando como sempre sobre os aspectos que envolviam a vida e o budô, perdemos a noção do tempo à medida que a paisagem se tornava repleta de vegetação.

Num instante, e ainda compenetrados no diálogo, Okimura aponta para frente, enquanto diminuía lentamente a velocidade do carro. Vi, espantado pela beleza, assentado, imperando seu esplendor, o Monte Fuji, que, naquela época, desfizera-se da camada branca de neve, e não menos belo, mostrava-se em um tom negro, subindo aos céus em silhueta suave.

Okimura san dissera que era a primeira vez que estivera no Fuji, e que duvidou do tempo no dia anterior. Contou-me que, naquela época, a umidade que vem do mar pelo calor traz muita nebulosidade e fica impossível admirar a paisagem de lá de cima.

Passava das oito e meia e estacionamos na base da montanha. Tomamos um café e rumamos para a trilha que zigue-zagueava até seu cume. De baixo era impossível ver o topo, mas se podia notar, pelo tamanho das pessoas que caminhavam no ponto mais alto, que era realmente muito longo o percurso.

Perguntei quanto tempo levaríamos para alcançar o cume e a resposta foi por volta de quatro horas de subida.

Caminhávamos em média quarenta e cinco minutos a uma hora para alcançarmos uma base de descanso e de cada base se tinha uma visão panorâmica de toda a região e do oceano ao fundo. Crianças, jovens, casais e idosos, cada um em seu ritmo, desfrutavam do desafio. Os que faziam o caminho inverso incentivavam os que subiam. Eu, cheio de adrenalina para chegar ao topo, distanciei-me de Okimura uns cinquenta metros, sempre checando o estado dele. Na penúltima base de descanso, estava uns quinze minutos à frente dele e esperando sentado, tomando uma "pocari", contemplei aquele esplendor da criação.

Como pode Deus Pai criar tamanha beleza? Como pode o homem, sua maior criação, não reconhecer isso?

Okimura san finalmente chegou com olhos espantados... Seus lábios, lívidos, deixaram-me preocupado também pelo seu evidente cansaço.

- Tudo bem, Okimura san? Você está bem?

- Ah, sim. Só preciso descansar um pouquinho – sentou-se com dificuldade ao meu lado - Marcelo san tem mesmo muita energia, não?

Ri da observação dele.

- É que lá no Brasil eu também escalo montanhas. Na verdade escalo rochas. Existe no estado do Rio de Janeiro uma montanha de se chama Dedo de Deus, o formato dela é assim! - mostrei com minha mão a forma da rocha. – É um dos lugares mais belos para se escalar. Então, quando você for ao Brasil eu levarei você lá.

Ele arregalou os olhos e respondeu:

- Eu não tenho tanta coragem. Prefiro as escadas de casa...

Rimos até!

Descansamos por uns quinze minutos em silêncio, apenas sentindo o vento, que não era forte, zunir em nossos ouvidos.

- Vamos? – perguntou.

- Ok.

Subimos por mais uma hora e alcançamos o cume, juntos.

Extraordinariamente, o tempo continuava lindo. Faixas de gelo escarpavam contrastando com a negra terra advinda do grande vulcão. Um Jinja pequeno, incrustado na terra escura, convidava aos que o venciam a rezar. Na entrada do templo, o gelo se acumulava e era preciso certo cuidado para não levar um tombo. Imagine depois de quatro horas e meia de subida íngreme, quebrar uma perna lá em cima? Seria azarado demais...

Okimura entrou primeiro e logo conversou com dois homens que tomavam chá num tatame surrado.

Um deles era monge e amigo de Ueno sensei. Assim, logo estávamos juntos tomando chá e conversando. O frio era intenso. Estávamos a três mil, setecentos e setenta e seis metros do nível do mar. Bem mais próximos do céu.

Havia um termômetro pendurado do lado de uma viga que sustentava o telhado e marcava menos dez graus.

O monge explicou que havia mais um pequeno templo

próximo dali e deu instruções sobre o caminho que contornava a imensa cratera do vulcão.

Tiramos mais fotos da paisagem, da qual era possível avistar mais de cento e cinquenta quilômetros de distância.

Seguimos então por uma via estreita contornando a imensa cratera. Na medida em que nos afastávamos, o poderoso vento continha nossos passos. Cada vez mais a força dele parecia nos questionar se deveríamos continuar. Estava meio apreensivo, notando o mesmo de Okimura san.

- Que vento – disse ele.
- Você não acha que deveríamos voltar? – arrisquei, pensando que aquela seria a melhor ideia.
- É sim, isso parece perigoso, não?

Senti receio no olhar dele...

- Ok.

Retornamos ao Jinja do cume e esperamos mais uma meia hora para retornarmos à base. Após duas horas de descida, almoçamos em um restaurante e seguimos para Shizuoka, na casa de Okimura san. A esposa dele já nos esperava com um chá da tarde e uma toalha limpa. Tomei uma ducha, fizemos o lanche e voltamos para casa de Ueno sensei.

Sensei parecia estar nos aguardando, pois preparara uma mesa de sushis e sashimis. Abri logo um diálogo, contando a ele a aventura do dia.

- Sensei, conseguimos alcançar o topo do monte Fuji. Simplesmente maravilhoso!

Okimura san também entusiasmado, contou os detalhes da subida.

Ueno sensei ouvia com atenção, estampando no rosto uma alegria evidente. Tentei lembrar-me de cada detalhe e, por vezes, sem querer, interrompia Okimura ao lembrar de algo notável. Meu amigo dissera do belo dia que fizera e da sorte que tivéramos em pegar a paisagem sem nuvens ou nebulosidades, fato raro naquela época do ano.

Ueno sensei estava visivelmente feliz. Seus olhos brilhavam e o sorriso permanecera constante.

- Marcelo san....

Deu uma pausa e endireitou-se na almofada.

- Você tem espírito bom, né? – disse, olhando para mim e apoiando uma das mãos em meu ombro.

- Bem, sensei, acho que tivemos sorte.

Okimura parecia também muito orgulhoso e comentou algo com sensei, que em seguida disse:

- Hoje os Deuses estavam com vocês.

Meus pêlos se eriçaram e fiquei visivelmente emocionado.

Continuamos a conversar por um bom tempo com a alegria estampada em todos nós. A noite caiu e tinha pedido a chave do dojô para treinar bokken. De bike, entrei no Jinja vazio, apenas na majestosa luz da lua cheia. Entrei no dojô, peguei um bokken e fui montanha acima.

Pelo caminho, totalmente sem iluminação, mas claro pelo belo luar, cheguei numa clareira e passei a treinar "suburi". A lua estava realmente espetacular. Completamente cheia, parecia derramar sobre mim toda sua luz. Meu sentimento era de agradecimento e felicidade. Em certo momento, apenas olhava para ela e lembrava-me da vivência plena que estava adquirindo. Estava completamente aberto para tudo naquele momento. Uma paz imensurável insistia em permanecer em mim. Não havia desejo nem de me mover. Queria apenas permanecer ali, quieto, sozinho em contemplação. Deixei de sentir o tempo e o espaço. O meu corpo estava leve. Nunca havia me sentido assim antes.

Fechei os olhos e agradeci em uma oração sem palavras.

Certamente, se daquele lado do mundo os deuses me ofereceram aquelas sensações, seria a eles que eu agradeceria, porque o que sentia era comum a Deus. Onipresente, onipotente e, certamente, misericordioso e sagrado...

Dia Onze de Julho

Acordei com o telefonema do Sensei me solicitando para ajudar no jardim do Jinja.

Fui apresentado então para todos que trabalhavam no Uketsuke, e os homens já estavam preparados com roupas próprias para tosar e cortar alguns galhos de árvores do templo principal. Lá eles se uniformizam com botas, luvas e óculos de proteção até mesmo para as mais simples tarefas deste tipo. Deram-me luvas e uma serra de mão.

Ueno sensei e eu éramos os únicos de chinelos de dedo. Todos os outros levavam baldes, sacos de lixo, vassouras de palha, escadas de alumínio e tesouras de jardinagem. Seguimos atravessando o portão que dava acesso à parte externa deste templo. Usami san, aprendiz de monge, abriu um diálogo a partir das preferências musicais. O Heavy Metal foi nosso principal tema. Iron Maiden, Black Sabbath, Uriah Heep, entre outros abriram espaço para cantarmos juntos os refrões de algumas canções e todos os outros riram abertamente.

A vassoura de palha serviu de guitarra para que as performances dos metaleiros fossem interpretadas. Ueno sensei assistia a tudo rindo e balançando a cabeça.

Finalizamos o serviço em umas três horas de trabalho e, por fim, fomos todos almoçar no Jinja.

As meninas do Templo serviam a todos com delicadeza e cordialidade. Parecia ser machista a situação, mas elas nos serviam sempre com sorrisos nos rostos. A maquiagem era impecável. Uma delas, que possuía uma beleza estonteante, despertou a minha atenção. Era delicada e suas mãos bem torneadas exalavam um perfume suave, que notei quando me serviu o missoshiru... Após o almoço fizemos uma bela siesta em um quarto dentro do Jinja.

Uma hora e meia depois, retomamos os serviços e completamos a poda. Aproveitei para tomar banho no templo onde havia um enorme Ofurô coletivo. Ueno sensei disse que naquela noite pernoitaria no Jinja e, assim, após o treino de aikidô, retornei para casa sozinho. Fiz o jantar e, pela primeira vez no Japão, senti falta de uma boa conversa.

Aproveitei para dormir mais cedo, pois combinara com Terutaka san de surfarmos em uma praia chamada Omaezaki, logo cedo.

Dia Doze de Julho

Às quatro horas da manhã tocou o despertador do meu relógio.

Preparei uma mochila com uma muda de roupa, a toalha e filei umas três bananas como lanche.

Às quatro e meia em ponto ouço o som da pick-up de Terutaka, em companhia de um amigo.

Estava quase completamente claro e seguimos rumo a uma estrada que beirava o litoral. Chegamos ao point às cinco e meia e a quantidade de surfistas no horizonte era inacreditável. As ondas não passavam de trinta centímetros e eram disputadas por pranchões, body boards e pranchinhas.

Terutaka san gentilmente me emprestou uma veste de neoprene e uma prancha, e juntos caímos no mar. A água estava muito gelada e entendi por que, mesmo no verão japonês, todos usavam roupas de neoprene. O mundo do surf deveria aprender com os nipônicos. Todos na mesma onda se atropelando, sem nenhuma manifestação de agressividade. Lá valia tudo. Rabear a onda alheia era algo simplesmente aceitável e sem importância. Talvez isso se desse pela pouca habilidade para o surf de noventa e nove por cento dos que praticavam naquele dia. Ficamos na água direto até as onze da manhã. Com a variação da maré, simplesmente as ondas desapareciam. Na areia e me secando ao sol, nem podia acreditar que surfei ondas do outro lado do planeta. Estava realmente muito feliz. Pensei na expectativa de treinar arduamente três a quatro vezes por dia sem descanso e nas inúmeras gentilezas que vinha recebendo. Parecia um sonho.

Chegamos na casa do sensei e preparei uma omelete para Terutaka san enquanto conversávamos amistosamente sobre nossas diferenças culturais. Mostrei meu álbum de fotos e, como todo estrangeiro, ele ficou animadíssimo com os biquínis nas siluetas brasileiras...

- Uau, quero ir pra o Brasil. Que lindas!!! – suspirou.

Conversamos por mais algumas horas. Constatei que possuía um bom caráter e entendi a preferência por ele como o uke número um do dojô.

Fora um dia incrível: O surf, a nova amizade, novas lições no shodô, a conversa descontraída com Ueno sensei ao sabor de uma nova garrafa de saquê...

Dia Treze de Julho

Naotake san chegou à noite e, como estava extremamente exausto, apenas o ouvi entrar no quarto.

Já de manhã, rimos tentando soletrar as palavras mais complexas do vocabulário, uma brincadeira que mais parecia um jogo de crianças pré-escolares tentando se alfabetizar.

Pouco tempo depois, Ueno sensei telefonou para casa para que eu fosse ajudar no templo. Aproveitando o percurso parei em um telefone público e liguei para minha namorada para contar as novidades e matar a saudade da voz dela...

Ouvi-la falar fez, pela primeira vez, com que eu caísse na real que estava vivendo um mundo a parte. Apenas então foi que me lembrei de minha vida do outro lado do hemisfério. Lembrei-me de todos com o sentimento de responsabilidade e isso me deixou um pouco angustiado. Na verdade, a felicidade que sentia aqui era por um período curto de tempo.

Talvez esta experiência me faça olhar algumas dificuldades com outros olhos, pensei naquele momento.

Sabia o dia do meu retorno, mas preferi não dizer. Afinal, se houvesse possibilidade de permanecer mais tempo, teria que decidir de última hora, já que não dependia de mim, querer ou não...

Segui então para o Jinja e ajudei a dar um trato nos muros do templo. Com uma espátula e uma vassoura de palha, retirava o excesso de musgo, deixando aparentes as pedras que o compunham.

Ueno sensei trouxe suco a todos que ajudavam e depois almoçamos no templo. No final da tarde, levei uns filmes para revelar e voltei para casa para pegar meu dogi e tomar uma ducha.

Já no dojô, cerca de quarenta pessoas treinavam intensamente "shihô naguê" e o ar parecia pesado e quente.

Muitas pessoas saíam do tatame para beber água e alguns esperavam de lado para recuperar o fôlego. Neste aspecto, as mulheres eram as que mereciam destaque...

Pequenas, ágeis e incansáveis, treinavam de igual pra igual...

Ueno sensei interrompeu o treino para dar mais detalhes da técnica. Era impressionante a postura dele. Parecia impenetrável.

Lá, diferentemente dos seminários de que participei no

Brasil, cada um possuía o estilo próprio. A técnica era assimilada pessoalmente e dava um toque particular e rico ao treino. Nos quinze minutos finais treinamos Jiu waza. Treinei com todos os faixas pretas e por fim Sensei pediu para que todos juntos me atacassem. O meu suor vertia por todos os poros e alguns mais "duros" pensavam duas vezes antes de investir...

Voltei de bike junto com Sensei e preparamos o nosso jantar. Ele me ensinou a preparar um peixe de panela com saquê e shoyu. Formidável! Tomamos muito saquê, e conversamos sobre meus novos amigos. Comentei sobre a bondade de todos para comigo e de como me sintia em casa. Sensei ouvia e, entre os goles em sua chavésna de porcelana, balançava a cabeça indicando que concordava com tudo o que dizia. Num momento, inspirou fundo e disse:

- Marcero San. Este é o verdadeiro espírito de Takemussu. Aqui somos uma grande família. Todos aqui estavam esperando por você porque eu disse que você era uma boa pessoa. Muitos deixaram seus trabalhos para dedicar um pouco de tempo a você.

Permanecia quieto. Era a primeira vez que Sensei se prolongava tanto em um diálogo.

- O espírito de Takemussu é algo que você tem que sentir - continuou - tudo no Aikidô precisa ser sentido. A energia do golpe, a força do Misogui, o verdadeiro espírito das coisas. O importante é sentir, sentir... Entende?

Sensei falava com voz suave, como querendo que suas palavras entrassem no meu âmago. E ele estava conseguindo. Desde o primeiro dia, o que mais tinha feito era sentir a tudo e a todos. O ar, o calor do sol, a umidade do mar, o cheiro do Jinja, a intenção das pessoas, a bondade dos amigos, o gosto da comida, o gelado das águas. Eu estava aprendendo a sentir... Um sentir muito mais profundo, muito mais intenso...

Dia Quatorze de Julho

O Japão se parecia um pouco com São Paulo. Acordei pelo som dos trovões e da forte chuva que caía. Por volta das dez horas, o sol predominava.

Acompanhei Naotake san até um shopping onde procuramos basicamente uma surf shop. Lá as lojas de departamentos possuem uma sessão de artigos de surf wear. O mais legal era que existia muita variedade. O design dos maiôs e dos biquínis, é claro, era um pouco diferente.

Permanecemos por umas duas horas experimentando os artigos e fuçando nas novidades.

Lembrei-me de que tinha compromisso no Jinja e que estava atrasado. Chamei Nao san e seguimos para o templo. Quando o carro passou em frente ao Uketsuke, sensei já estava me aguardando. Pela postura, pude notar que meus quinze minutos de atraso, não foram bem recebidos. Bem, afinal de contas, era o Japão.

Junto com os amigos do Jinja, consegui limpar um dos maiores templos, desde as folhas podres que entupiam as calhas dos telhados até as teias de aranhas que deixavam sua entrada com um aspecto de filme de terror.

No fim de tarde, Sensei me dera uma carona de bicicleta até em casa.

Quando era criança sempre tive a vontade de andar assim com meu pai. Meus sentimentos lá muitas vezes se confundiam e eu me esforçava para não misturar as coisas. Se, por um momento, fechasse os olhos, talvez não quisesse mais abri-los.

Enfim, Sensei parecia mais íntimo, mais accessível e, naquela noite, fomos nós três a um restaurante de sushi. Simplesmente delicioso.

A conversa novamente se dava em torno do período que passara no Brasil. Meus professores me haviam dito que alguns problemas com certas pessoas o impediram de ficar por mais tempo. Ainda não me sentia seguro em perguntar sobre o que realmente houvera para que ele voltasse para o Japão. Tinha apenas a versão deles e de alguns alunos mais velhos que viveram aquele período. Deixava apenas o Sensei falar. Ele falava com alegria e saudosismo. Em cada gole de saquê, mais palavras e lembranças ele revelava. Estava feliz diante daquele momento. Com semblante calmo e postura relaxada. Naotake tomava refrigerante e eu, de olho no copo do Sensei, não o deixava esvaziar.

DIA QUINZE DE JULHO

Nesta manhã, fui de bike até a companhia telefônica ligar para o Brasil, mas como era ainda nove e meia, teria que esperar até as dez para que abrisse. Assim, fui dar umas voltas pelas ruas do centro.

Já estava acostumado com os letreiros e os kanjis espalhados por todos os lados, a mão contrária e as normas de conduta. Estava mais relaxado. Notei que, se não fosse pela expressão escrita, pela limpeza e educação das pessoas, o centro daqui era exatamente igual ao de São Paulo.

Finalmente consegui falar com o Ré e contei sobre a alegria do dia a dia, como fui recebido e como estava me sentindo do outro lado do mundo. Como sempre, ele, entusiasmado com as coisas, teve paciência para escutar e abençoar-me com um paternal "Deus te proteja".

Voltando para o Jinja, acompanhei o rio bem em sua margem. Sua água sempre transparente e ligeira destoava do barulho dos automóveis, lambendo as rochas expostas, equilibrando a natureza local. Em muitos pontos, pequenas pontes atravessavam-no e, na sua sombra, peixes enormes nadavam contra a correnteza. Soube através de Yoshitaka san que tinham carpas muito abundantes por lá. Na minha fissura de pescador, logo me imaginei arpoando aqueles peixões, o que era, logicamente, proibido.

Passei o resto do dia no templo, vagando sem compromisso entre as trilhas e buscando mais novidades ao meu olhar. Insetos, flores, folhas, paisagens, sons, sentimentos. A cada dia que permanecia lá, estava mais e mais introspectivo, sensível a tudo.

À noite, no treino, novas pessoas adentraram no dojô, muitos eram faixas pretas, portando a curiosidade de sempre na ânsia de treinar comigo...

Sempre gentil, procurei praticar com todos e por muitas vezes fui apenas o uke deles. Sabia que deveria respeitar rigorosamente a hierarquia para que pudesse sempre ser respeitado...

Aceitar algumas coisas para ser aceito. Porém, sempre num clima amistoso e sem disputas. Todos, sem exceção, apenas vinham treinar. A vaidade por lá, por incrível que pareça, era inexistente.

DIA DEZESSEIS DE JULHO

Sete e trinta da manhã, domingo e eu me levantei ansioso para preparar o churrasco para todos os convidados de Ueno sensei, lá no Jinja. Combinamos isto no dia anterior e Sensei convidara apenas os mais graduados para participar da festa.

Saí de casa e fui para um espaço chamado "seikan", na verdade uma casa dentro do templo, onde se realizava os Gashukus, treinos intensivos. Nele havia espaço suficiente para receber mais de cem pessoas. Armários embutidos acomodavam diversos shiki futons e almofadas. Uma ampla cozinha com fogão industrial podia ser usada para o preparo das refeições. Um jardim interno, repleto de cerejeiras, dava a ideia da beleza que essas ficariam na época de florada. Um outro espaço, com amplo gramado, seria o local da churrascada. Já havia blocos de concreto espalhados em um canto do muro de madeira e preparei com improviso a churrasqueira.

A grama estava alta e, mesmo assim, com os pés, abri uma clareira, acomodando-os cuidadosamente no chão.

Deixei as portas de correr abertas e fui para o dojô dar aulas para as crianças. Na saída do seikan, o corredor de madeira ecoava com meus passos, num grave som, e as janelas em resposta, trepidavam no mesmo ritmo.

Durante o treino, as crianças também pareciam estar mais ambientadas com a aula e comigo. Risos eram frequentes durante os joguinhos que ensinava. Naquele dia, havia vinte e três delas. Os familiares, sentados no fundo, vibravam com a alegria de todos eles. O treino seguia rapidamente o planejado e o tempo nem era notado. Todas as aulas se estendiam por mais quase vinte minutos. No fim, com já era de costume, os pais agradeciam, agora já me chamando de Sensei.

As filhas de Okimura san e de Mori Sensei seguiram comigo para o seikan, onde Ueno sensei aguardava para darmos início ao churrasco.

Em passos acelerados perguntei a eles se já haviam experimentado tal especialidade brasileira. Diziam que Ueno sensei sempre comentava sobre tal iguaria e que sempre era regado de muita cerveja. Entramos no seikan e nos dirigimos para o local.

Sensei havia, juntamente com alguns amigos do Jinja, cortado toda a grama. A aparência do local ficou muito melhor. Yasuyo, ao ver-me, primeiro deu um sonoro grito:

- Marcelo San, Okaerinasai! Entre, por favor!

Voltando-se todos em minha direção, percebi alegre expectativa pela festa.

Sensei pediu então para que pegasse o carvão dentro de galpão e trouxesse os hashis, a carne e o álcool. Ele, já agachado, arrumava a churrasqueira colocando mais dois blocos na sua base.

Num intervalo curto, chegaram Ozawa sensei e sua esposa, Mori sensei, um professor de história (faixa azul), Naotake san, Shiratori sensei, algumas noviças do Jinja, Kazuhiro san, Nakayama san e por fim, Fukushima sensei.

Muitas crianças também participavam da festa. Elas, em especial, enchiam suas arminhas de brinquedo de água e simulavam um tiroteio americano. O calor estava sufocante. Numa metralhadora de água cabia um litro de líquido e borrifava a vários metros de distância. Eu, de posse de uma delas, participava do ataque aos japonesinhos. Estava já sem camisa e tênis, apenas de bermuda, molhado pelas investidas dos pequenos. Todos riam da brincadeira. Ueno sensei comentava algo com os adultos. Talvez estivesse me achando um perfeito moleque, mas não reprovava. Pelo contrário. Sorria enquanto acendia o fogo.

A esposa de Ozawa sensei trazia em uma caixa térmica as cervejas estupidamente geladas. Litros de chá e refresco eram disputados ansiosamente pelas crianças, dando término à brincadeira. A churrasqueira, já acesa, esperava as tiras de carne estarem assadas. Notando, dispus-me finalmente a ajudar:

- Sensei, deixe-me ajudá-lo.

- Marcelo san, faz a caipirinha. Lá na cozinha têm limão e a cachaça que Marcelo trouxe para mim. Faça bastante e bem gostosa. É para todo mundo beber – ordenou-me, enquanto abanava o fogo.

- É pra já sensei.

Subi então no nível do corredor com um rápido salto e segui a preparar a tal famosa bebida brasileira...

No caminho para a cozinha, deparei-me com Okimura sensei, com mais duas caixas térmicas cheias de bebidas e quitutes, e pensei que seria uma festa e tanto.

Depois de uns vinte minutos na lida com a caipirinha, voltei para o jardim, que já estava todo disposto com as mesinhas baixas. No chão de grama, forrado com grandes folhas de papel, todos, devidamente acomodados, tomando suas primeiras cervejas e petiscando da mesa farta, conversavam displicentemente. Ueno sensei já havia colocado boa quantidade de carne na grelha e, sentado em um tronco cortado, completamente relaxado e emanando satisfação por aquele momento, degustava deliciosamente o primeiro gole. Por um momento parei com as duas jarras de caipirinha e fotografei mentalmente aquela cena. Sensei, percebendo minha pausa, me olhou como se perguntasse:

- Hei, você vai ficar aí parado com esta cara de besta? Passa esta caipirinha para cá!

Refeito da ausência, tomei um copo de vidro e o servi.

- Que tal, sensei? Ficou bom de açúcar? – Sentado ao seu lado em seiza aguardei por um instante sua aprovação.

Ele tomou um gole pequeno e lambendo os lábios, aprovando com a cabeça.

- Ohh, Marcelo é especialista!

Mal sabia ele que eu fizera umas cinco vezes na vida o aperitivo...

Deu mais um belo gole e expôs o copo para que o completasse.

- Agora sirva para todos. Primeiro para Mori sensei, Ozawa sensei, Oki...

- De acordo com a hierarquia, né? Já sei.

Interrompendo-o, levantei com a jarra e segui a servir os presentes.

Sensei riu silenciosamente e tornou a dar um belo gole.

O sentimento daquele encontro era de pura integração. As crianças brincando de capturar insetos, os adultos degustando a gentileza de um estrangeiro, os elogios por parte de alguns pais e alunos em relação aos treinos, comentários da deliciosa caipirinha e o que era mais imponente e sereno: a postura quase inalterável de sensei, sentado no tronco, conversando em voz tranquila e satisfeito, degustando a bebida. O semblante que ele exibia evocava lembranças do Brasil.

Pouco tempo mais tarde, as mulheres, principalmente Yasuyo san, corava sua tez de um tom vermelho brilhante, acenando que a bebida estava fazendo efeito.

Eu já havia tomado uns três copos e sentia-me bem, bem leve. Fui até minha mochila e peguei um walkman. Passei a escutar Jorge Benjor, enquanto virava a carne quase no ponto. Encostado no portão que dava acesso ao lado interno do Jinja, uma vassoura de bambu, instigava para que a tomasse e virasse uma bela guitarra de mentira.

- Por que são Jorge mora na lua... Por que você não vem me dar um beijo...

Cantando e tocando a tal vassoura, cheguei perto de Nakayama san convidando-a a cantar junto.

- Vamos, levante, por favor, essa é música brasileira. Vamos dançar.

- Ihhh, Eu não sei dançar, Marcelo san. – envergonhada, recusou.

- Não tem problema não, eu ensino. - Insisti.

Todos agora rindo, esperavam o desfecho, da respeitosa investida.

- Vem, Naka san, Daijiobu desu[34]...

Já pensando que era íntimo, insisti, tomando os braços dela.

- Ah! Estou envergonhada, eu não consigo.

- Mas eu não tenho vergonha. "Sem vergonha". Não tem problema, daijiobu.

---

34 Não se preocupe, sem problemas.

A expressão "sem vergonha", que falei em português, deixou todos com cara de bobos, tentando compreender o que significava. Então, observando a tudo, sem largar seu copo e o hashi, dirigi-me para Sensei:

- Sensei, como se fala em japonês "sem vergonha"?
- Sem vergonha?- deu uma pausa e sorriu - Doente da cabeça...
- É, Marcelo san é "doente de cabeça" - e gargalhou soletrando e traduzindo para seus pupilos a tal expressão.

Todos riram abertamente e me dispus a servir a primeira leva de carne assada. O clima ficava cada vez mais descontraído e a bebida que preparei dava seus primeiros sinais de ação. Meu Walkman agora tocava Gilberto Gil e, cantando em alto e bom tom, era acompanhado na segunda voz pelo sensei Ozawa que tentava sem sucesso soletrar a letra.

- "Alcahol", só para me desinfetar...
- Ah, ah, Altaiol, altiol, oho, oho, ohoho...- seguia Ozawa.

Todos gargalhavam e Ozawa sensei, visivelmente alto, fazia parte da palhaçada musical.

O fim da tarde dava ao céu um tom turquesa. Lindo. A brisa aos poucos acalentava o calor e todos, agora mais satisfeitos e calmos, desfrutavam o estado de "relaxamento" causado pela caipirinha...

Os dois jarros haviam secado, literalmente. Ueno sensei agora, na mesma posição, conversava com Mori sensei, Okimura sensei e o professor de história. Ozawa sensei, discretamente deitou-se no tatame do salão e sua esposa aconchegou-o com algumas almofadas. Eu ainda cuidava da brasa e dos poucos retalhos de carne que sobraram. Ainda portando minha guitarra de bambu, olhei tudo a minha volta. O céu, as crianças, a fartura de bebida e comida, a alegria e receptividade de todos com as minhas brincadeiras e a ternura daquele momento de Ueno sensei. Fixei o meu olhar nele e

perguntei:
- Sensei, quando o senhor morava no Brasil, quais as músicas que gostava de ouvir? – ele deu uma pausa, cerrando os olhos.
- Manhã de manhã – disse.
- Manhã de manhã? – perguntando e tentando adivinhar qual era a tal música.
- Roberto Carlos.
- Ah! Amanhã de manhã? Do Roberto Carlos? – bingo! – Então vou cantá-la para o Sensei.

E erguendo-me, tomei minha Gibson de bambu e comecei:
- "Amanhã de manhã, vou servir o café pra nós dois..."

A canção, em um tom de gozação, talvez tenha feito com que Sensei se sentisse mais perto do Brasil e, sendo servido de saquê por Mori sensei, conversavam sobre o meu país. Naquele momento, pequenos grupos se formavam. As mulheres dentro do seikan conversavam de assuntos femininos. Por um momento, fiz parte daquela conversa. A esposa de Mori sensei, perguntara se tinha namorada.
- Aqui no Japão ainda não... – respondi.

Risos foram a resposta.

Aproximei-me do Sensei para servi-lo de mais saquê. Gesticulando para que sentasse em seiza, o modo mais formal para servir alguém em situação hierárquica superior, dizendo sobre a enorme alegria deste dia. Apenas olhando bem fundo nos meus olhos, nada disse, apenas sorriu. Entendi tudo.

Ainda naquela noite, fizemos uma boquinha na casa de Ozawa sensei, com mais comida e bebida. Conversamos até duas da madrugada.
- Ainda bem que amanhã é a folga do Sensei - pensei.

Na volta para casa estávamos completamente desnorteados. Eu, segurando em um dos braços do Sensei, temia pela hora de

atravessar a avenida. Aos trancos, ele arrancava-se de minha pegada.
- Não precisa – dizia.
Chegamos, finalmente, cansados, tontos e muito, muito felizes.

Obrigado, meu Deus!!

Dia Dezessete de Julho

Foi um dia de descanso. Ueno sensei recuperava-se da churrascada e passou a maior parte do dia dormindo no quarto. Recuperado, tive forças para caminhar no Jinja e agradecer pessoalmente o dia anterior...

No fim de tarde, Sensei me chamou para que aprendesse a preparar alguns pratos. Em cinco minutos, com uns três ingredientes, ele preparava um verdadeiro banquete. Aprendi, em detalhes, ensopar peixe no sakê[35] e no shoyu. Delicioso.

Até o final da noite conversamos pouco e tomamos uma caixa inteira de picolés de frutas.

Dia Dezoito de Julho

Às sete da manhã, já dava uma geral na casa, em silêncio para que não incomodasse o Sensei. Iria juntamente com Okimura sensei para Tóquio visitar um atelier de um colega dele. Como de costume, oito e meia em ponto ouço o carro estacionar no prédio. De lá fomos para estação do Shinkansen e seguimos para a capital japonesa.

Tóquio é uma megalópole congestionada de pessoas e trânsito, com indivíduos extremamente apressados e de prédios enormes. As avenidas principais são muito largas e, tanto os pedestres quanto os

---
35 Bebida fermentada tradicional do Japão, fabricada pela fermentação do arroz.

motoristas, respeitam rigorosamente as leis de trânsito. Também pudera! Uma cidade como esta entupida de pessoas e carros, sem ordem seria um caos.

Do atelier seguimos para o Museu nacional de Tóquio. Simplesmente extraordinário. Pinturas em sumiê[36], quimonos tecidos com fios de ouro, cerâmicas e porcelanas de várias épocas, gerações de katanás e armaduras - estas impressionantes - compunham os quatro andares do prédio. Tamanha a imensidão, necessitei de umas duas horas para visitá-lo completamente. A riqueza dos componentes instigava até o mais insensível mortal.

Voltamos para Shizuoka e fomos direto ao treino.

No dojô, Sensei esperava com uma carta nas mãos.

- De quem é esta carta? – com um sorriso maroto, perguntou.

- Da minha namorada sensei... – disse enquanto me aproximava da entrada do dojô e estendia as mãos para pegar a carta.

- Pode jogar carta no lixo? – Brincando simulou jogá-la longe.

- Naaaaõ, sensei! Passa pra cá, por favor.

A carta contava as novidades e a rotina em São Paulo, além de trazer lembranças e saudade em cada linha.

A saudade... Esta que me manteve, ainda por alguns momentos, refletindo diante da realidade.

No treino, eu estava revigorado.

Em casa, conversei com Ueno sensei sobre as características dela. Jeito, família, nossos planos... Sensei apenas escutava, sem dar importância ao meu relato, como se pensasse: "Ele não sabe o que fala".

- Para o casal dar certo, ela precisa praticar junto com você. Olhe para o nosso dojô toda a família pratica. – acrescentou.

Enquanto jantávamos, a conversa tomou outro rumo.

Sensei contava que os pais foram pescadores da província

---

36 Técnica de pintura oriental surgida na China no século II da era cristã.

de Aichi Ken. O pai, segundo ele, era um homem de muita fibra e nacionalista. Contou-me sobre o episódio onde o pai questionou o professor sobre a imposição de ideias americanas às crianças do primário.

Perguntei por que decidiu tornar-se monge e contou-me a seguinte história:

> "Quando era criança, voltava da escola todos os dias no final de tarde com os colegas de primário, passando por ruas cheias de casas e árvores. Um dia seguia a mesma rotina, porém sozinho. Encontrei com a avó de um amiguinho e conversei com ela por quase uma hora. Falamos de Deus e das coisas da vida. Chegando em casa atrasado, minha mãe, preocupada, perguntou o motivo de minha demora e contei o imprevisto. Mamãe empalideceu-se e assustada disse que a avó de meu amiguinho havia morrido já há muito tempo."

A partir daí, minhas escolhas foram sempre relacionadas ao Xintoísmo. Quando fazia faculdade, eu e meus amigos que já treinavam aikidô, aprendemos diretamente de Ô Sensei todos os aspectos verdadeiros do Takemussu Aikidô. Ô Sensei dizia que nós éramos a "Luz Divina de Deus". Por isso a técnica apenas, mesmo muito boa, pode ser aprendida até por um macaco. O verdadeiro espírito do Takemussu é mais importante e difícil de ser assimilado. Precisa ter o espírito limpo..."

Ueno sensei, pela primeira vez falava deste assunto comigo e continuou por longas horas a explicar os aspectos mais profundos do Xintoísmo. Assimilava o máximo e, em alguns momentos, falava em japonês. Eu permanecia estático e, inexplicavelmente, compreendia tudo.

"Como posso compreender tudo isso e me identificar de tal forma, mesmo tendo formação cristã e católica? Como é possível estar em tamanha sintonia e, neste momento, sentir a chama fervilhar dentro de mim diante das palavras do Sensei? Como tal sentimento provoca em mim tamanha alegria e certeza, vindo de encontro com tudo que acredito?"

Deitado no futôn[37], a mente e o corpo retomaram a sensação de unidade, talvez porque essa representava, naquele momento, uma verdade universal...

Dia Dezenove de Julho

Tive um sono reparador. Acordei como se tivesse dormido em uma cama macia e confortável.

Lembrando ainda da riqueza da noite anterior, em estado de profunda introspecção, sentia necessidade de rezar, então comecei a escrever cartas.

Fui ao correio e aproveitei para comprar algumas lembranças. Almocei em uma casa que preparava lamen e descansei o restante do dia.

Na aula de shodô, escrevi pequenas expressões compostas por dois caracteres. Os melhores, Sensei Tanaka guardava consigo.

Dia Vinte de Julho

Despertei novamente às quatro da madrugada e aguardava ansioso Terutaka san e Yoshitaka para juntos surfarmos em Omaezaki.

O dia amanhecia e a claridade, pouco a pouco, apresentava os raios de sol que nos cegavam. Conversávamos sobre surf, mulheres e histórias pertinentes. As gírias mais comuns eram motivos de gozações e gargalhadas estridentes.

---

37 Tipo de colchão usado na cama tradicional japonesa.

De repente, Terutaka san, perguntou sobre algo que não entendi:

- Marcelo san, nas praias do Brasil têm Sharuku?

Parei por um breve instante e tentei soletrar o termo.

- S-a-r-u-k-ú?
- Iee, Sharuku. - tirando as duas mãos do volante fez um gesto de quilha em cima da cabeça. – Sharuku, tan, tan, tan, tan, tan, tan, tan, tan... - e a música inconfundível matou a charada.
- Ah, Shark, tubarão! Ah sim! E como se fala em japonês?
- Samê. - respondeu.

A dificuldade de interpretar o inglês no Japão é algo realmente para intérpretes.

- No Brasil, tem samê, mas onde eu surfo não tem problema. É seguro.

Continuamos conversando bobagens e nos divertindo até chegar à praia - surf trips de adolescentes.

No mar, as ondas alcançavam um metro de altura e eram perfeitas! Por volta das sete e meia, as ondas subiam muito e saí da água para deixar a prancha e cair de peito. Peguei boas ondas e, para minha surpresa, os surfistas que estavam próximos de mim pareciam espantados e curiosos ao verem meu corpo cortar as ondas. Achei que nunca tinham visto alguém pegar onda de jacaré. As manifestações de surpresa me entusiasmaram a permanecer na fria água por mais uma hora. Foi um dia e tanto!

Lembrava dos amigos da Prainha Branca, das inesquecíveis ondas, das manhãs ensolaradas de verão...

Voltamos por volta das quatro da tarde, famintos e sonados.

À noite, depois de uma bela ciesta de fim de tarde, segui para o dojô.

Tínhamos umas cinquenta pessoas no treino. Já trocado e aguardando em silêncio num canto do tatame, Ueno sensei aparece da antessala, segue em direção ao kamidana, toma nas mãos um bastão com tiras de papel e inicia o Missogui Harai[38], um rito cerimonial de limpeza do dojô.

A cena impressionava. Nos movimentos de ida e volta com o tal apetrecho, a impressão que tinha era que o que movia a ponta do bastão não eram as mãos do sensei, mas algo divino. Fiquei encantado com aqueles movimentos fluidos, cheios de energia e fé. Depois elucidou cânticos xintoístas e a maioria dos presentes acompanhava-no em segunda voz.

O treino deste dia foi tomado por sensível espiritualidade, perceptível a todos. A conexão com o sagrado daquele povo me fez recordar a vivência sagrada da Comunidade de Caná. O sentimento era idêntico e o cheiro do Jinja potencializava mais ainda minhas sensações.

No dia seguinte teríamos o Gashuku[39] - três dias de intenso treinamento, missogui e meu exame de faixa preta.

DIA VINTE E UM DE JULHO

Depois de acordar e fazer a faxina da casa, segui para a barbearia para cortar o cabelo. O serviço é completo – barba, cabelo, pelos do nariz, massagem na face, na cabeça e nos ombros, tudo por um preço compatível com um corte feminino do Brasil em um cabeleireiro de luxo.

Às duas da tarde, a maioria dos que participariam do gashuku já se organizavam para arrumar o seikan.

Acomodamos nossos pertences em um dos amplos quartos, vestimos os dogis e seguimos para o dojô. Treinamos por duas horas sob comando de Mori Sensei. No final do treino, Ueno sensei uniu-se

38 Ritual de purificação.
39 Reunião de intenso treinamento, comum em diversas artes marciais.

ao grupo para seguirmos para o banho coletivo.

Do lado sul do Jinja, uma casa de banho separada por uma divisória de vidro para homens e mulheres, aguardava-nos para que tirássemos o suor impregnado do treino. Diversas torneiras, banquinhos de plástico e tubos de rinse e shampoo podiam ser ultilizados à vontade. Cada um possuía uma toalhinha de mão para esfregar o corpo. A quantidade de água que saía das torneiras, uma fria e outra muito quente, nos obrigava a cuidar de cada dobra do corpo. O sentimento era de intenso relaxamento e prazer.

Depois da higiene corporal, podemos usufruir três banheiras de pedras, com temperaturas diferentes. Antes, Ueno sensei permaneu por vinte minutos na sauna úmida.

Quando finalmente estávamos dentro de um dos ofurôs[40], contou-me sobre as oportunidades que teve de relaxar em banhos turcos após os treinos no Brasil, juntamente com Fernando Sensei. Não era a primeira vez que falava do Fernando com saudade. Sentia que, para ele, era mais do que um aluno. Era um amigo.

Enquanto molhava a cabeça com a pequena toalha, relembrava os episódios vividos no Brasil, citando os muitos que treinaram com ele, mas não eram seus "discípulos". Ele sentia a real natureza das intenções de cada um dos que se aproximavam... Compreendi porque muitos dos que se diziam alunos de Ueno Sensei no Brasil não foram siquer citados nas conversas até aquele momento.

Embora desejasse absorver o máximo da experiência ao lado de Ueno sensei, aos poucos, percebi que ele sentia minha vibração e, <u>como mestre e </u>monge, apenas abria o caminho para que as coisas se

---

40   Tipo de banheira feita no Japão caracterizada pelo seu formato bem mais profundo e curto que uma banheira ocidental, permitindo a seu usuário tomar banho com o corpo em posição fetal - suficiente para que a água cubra os ombros de uma pessoa sentada.

revelassem. A cada dia vivido no País do Sol Nascente, essa luz estava brilhando para mim...

Após o banho, atravessamos a rua para jantarmos em um hotel. Subimos pelo elevador e caminhamos por um corredor repleto de quadros. No salão, uma enorme mesa em formato de "U" acomodava a todos. Os que não participaram do treino da tarde estavam agora sentados aguardando. Yoshitaka san guardara um lugar ao seu lado. Um encarte à minha frente, tinha meu nome escrito em hiraganá[41] e sem demora verifiquei do que se tratava.

Estávamos acomodados quando o sensei pediu silêncio. Em postura ereta, todos tomaram o encarte. Uma das crianças iniciou a leitura. Era uma oração xintoísta para agradecimento do alimento, escrito em hiraganá. Eu e as crianças podíamos acompanhar a leitura rápida. Uma batida de mãos, seguida por um sincronizado "Itadakimassu" – bom apetite – deu início à refeição. Delicadas caixas foram distribuídas pelas mulheres. Aguardei um momento para que alguém a abrisse primeiro. Verifiquei que no seu interior havia divisórias repletas de iguarias. Em uma mesa separada, uma enorme panela de arroz aguardava aos que desejassem incluí-lo em seu cardápio com chawans[42] lindamente organizados. Degustávamos a refeição em clima de alegria. Sensei, tendo ao seu lado Mori sensei, conversava e por vezes passavam o olhar pelos que compunham a mesa. Em muitos instantes, fixava-se em mim. Sorrindo, discretamente, parecia dizer com seus olhos: "Olha só, tudo o que estou fazendo por você". Meu desejo era um dia pudesse recompensá-lo por isso.

Satisfeitos pelo delicioso jantar, seguimos para o Jinja e lá conversamos descontraidamente. Ueno sensei se reunira com os <u>faixas pretas</u> mais antigos. Conversavam tomando pequenos goles

---

41 Um dos alfabetos silábicos da língua japonesa.
42 Tigelas comumente utilizadas na Cerimônia do Chá.

de sakê. Por fim, uma hora da manhã, já em seus futóns, todos descansavam para o próximo dia.

Dia Vinte e Dois de Julho

Às 6h da matina, pontualmente, o relógio toca o alarme. Na noite anterior, Ueno sensei me incumbiu de soar o toque da alvorada. Com um apito e um sonoro "Ohayou gozaimassu", passei pelo corredor que dava acesso aos quartos.
- Okinasai... Acordem! – dizia.
Aos poucos, até os mais preguiçosos seguiam em suas rotinas matinais. Cerca de vinte minutos depois, todos de Dogi seguiam em jejum para o dojô.

Parados diante de um templo e fizemos reverência xintô. Sensei seguia à frente. Na primeira parte da manhã, a leitura do Noritô[43] durou duas horas, em seiza. As crianças estavam inquietas. Alguns adultos pareciam cochilar e minhas pernas estavam completamente dormentes. Ao final, Sensei realizou Missogui Harai e, desta vez, o Kamidana estava repleto de frutas e legumes.

Por volta das nove horas, seguimos para o desjejum, no mesmo hotel onde jantamos da noite anterior. Após o agradecimento, o silêncio tomou conta do salão. Faminitos e de cabeça baixa, degustávamos, vorazmente, o asagohan[44]. Eu, que não era muito chegado em comida tradicional japonesa no café da manhã, desta vez saboreei-a como nunca. Tivemos um intervalo de quarenta minutos para enfrentar duas horas ininterruptas de treinos. Meu corpo começava a sentir certo desconforto. Apenas no final do treino recebíamos várias fatias de melancia gelada para repor todo o líquido que perdíamos no treino.

Fomos para o seikan estender nossos já fedorentos dogis e

43 Cânticos xintoístas tradicionais dos antigos.
44 Café da manhã japonês.

descansar até às três da tarde.

Enquanto esperávamos pelo início do treino, um grupo, de umas dez pessoas, adentrou ao dojô. Eram do Hombu Dojô de Tóquio. Suzuki sensei, o presidente da entidade, Tanaka sensei, 6º dan, sua esposa e os demais alunos, todos faixas pretas.

Aguardamos até que vestissem seus dogis para iniciarmos o treino.

O dojô estava lotado e a vibração era sensacional. Todos treinando com afinco. Nas duas primeiras técnicas, treinei com os faixas pretas do Hombu. O meu preparo físico fez toda a diferença e não demorou muito para que pedissem uma pausa.

Suzuki sensei me observava e passava em revista corrigindo alguns erros de waza. Ueno sensei detinha-se às crianças, sempre paciente e brincalhão. Todas queriam treinar ao mesmo tempo com ele e disputavam-no puxando seus braços. Os demais faixas pretas colocavam a ordem na organização das duplas.

Já treinávamos há umas duas horas sem indício do final ou mesmo um intervalo para descanso. Todos, sem exceção, pareciam realmente cansados. Meu dogi nunca esteve tão ensopado. Pesava o dobro. Muitos aguardavam sentados no fundo do dojô e o ritmo diminuía a cada nova técnica.

Enquanto recebíamos as instruções do Mori Sensei, fui escolhido como uke. No golpe, pude sentir intensa energia explodir em meu corpo na execução de um kokyu naguê. É certo que meu peso era bem menor do que toda a massa muscular de seus braços, mas era lançado tão longe que o jeito era largar-me ao gosto da gravidade. Ueno sensei e Suzuki sensei conversaram entre si observando toda nossa ação e, por bons dez minutos, aguentei firme seu jiu waza.

Enfim o treino terminara e a aparência geral era de desgaste e desidratação. Foram quase três horas de treino sem interrupção.

Compensamos com o banho de ofurô, refazendo-nos da

fadiga. Meus punhos estavam inchados como nunca antes. Uma hora de banho e a fome já dava seus sinais.

Estávamos sentados, hierarquicamente, no salão principal do seikan. Várias mesinhas baixas unidas para nos acomodar no jantar. Na cabeceira, Ueno sensei mostrava algumas fotos do tempo que ensinava no Brasil para Suzuki sensei. Próximos Mori sensei, Ozawa sensei e Okimura sensei acompanhavam atentos à fala do mestre.

As mulheres, sempre atenciosas, ocupavam-se em distribuir copos, hashis e tigelas à grande mesa e logo estávamos preparados para brindar e iniciar o jantar.

Cerveja para os adultos, refresco para as crianças e as belas caixas com a refeição. Suzuki sensei se levanta com o copo cheio e nos saúda formalmente. Em um momento de seu pequeno discurso, cita minha presença e agradece o empenho de Ueno sensei por tantos os anos dedicados ao Takemussu Aikidô.

O Sensei permanecia imóvel e com os olhos semi-serrados. O brinde – um belo e sonoro "Kampai" repetido por três vezes – foi autorização para o primeiro e mais gostoso gole em suas bebidas. Minha cerveja gelada parecia um presente de Deus. Conversava com Yoshitaka san sobre nosso plano de, na semana seguinte, praticar caça submarina; ao invés de arbaletes, fisgas de bambu e borracha, muito comuns por esses lados. O peixe nobre nos rios era o Aiyu, pequeno mas de sabor delicioso, parente do salmão - diziam.

Deliciava-me na farta comida. Em cada especialidade e a cada gole, relaxava mais e mais. Olhava para Ueno sensei e ele sempre me encarava com seu sorriso maroto. Parecia telepatia. Sentia uma alegria imensa. Em seu rosto, uma intenção em dizer-me "Olha só o que estou te proporcionando" fazia com que a minha resposta mental fosse de agradecimento profundo. Todos compartilhando da mesma comida e da bebida transcendia o ato físico. O que sentia era amor verdadeiro, fraternidade espiritual.

Em certo momento, ouço o Sensei me chamar:
- Marcero, Marcero San, venha cá. – Mori sensei acena para que me sentasse entre ele e Suzuki sensei tendo a sua frente o próprio Ueno sensei.
- Hai, Sensei! – levantei depressa e me sentei ao lado deles.
- Marcero san, o Kaicho[45] veio de Tóquio para encontrar você. Acho que você é especial, né? – riu enquanto Mori Sensei serviu-me um copo de cerveja. – Então converse com Suzuki sensei sobre o Brasil. Fala tudo. – continuou.

Contei que éramos um grupo muito pequeno e que seguíamos fielmente os ensinamentos deixados por Ueno sensei revelando detalhes do nosso dojô bem como a característica dos nossos alunos.

Suzuki sensei atento às informações apenas assentia com a cabeça. Salientei a nova visão que Ueno sensei inserira no Aikidô brasileiro, visão genuína, filosófica, xintoísta e espiritual.

Nossa conversa prolongou-se e ganhei dele uma sacola com vários souvenires. Ueno sensei participava da conversa e contava sobre os verdadeiros alunos de confiança deixados no Brasil. Eu destacava minha profissão e o trabalho que realizava com crianças, ensinando a arte do Aikidô. Suzuki sensei admirava-se do método que utilizava e aconselhou-me a continuar com afinco, dedicando-me aos pequeninos. O elogio certamente me encheu de orgulho. Sensei Ueno sentia minha vibração...

Às dez da noite, eles retornaram ao Hombu Dojô de Tóquio e a longa mesa foi desfeita para que as crianças, em uma parte do salão, brincassem de roda. Uma divisória separava o pequeno espaço onde apenas os de alto grau na hierarquia conversavam regados a sakê, tendo à mão uma tigela enorme de tira-gosto. Eu permanecia com as mulheres e as crianças jogando conversa fora e intensificando as expectativas

45 Presidente de uma comissão, empresa ou associação.

para meu exame.

As horas passaram rapidamente. Os presentes recolheram-se, aos poucos, aos seus shiki futons. Que dia!

A porta de correr permanecia aberta para o jardim e a brisa refrescava o salão. A noite plácida mostrava seu esplendor nas brilhantes estrelas. Centenas delas.

Passos cautelosos desviavam-se dos que já haviam adormecido. Era Ueno sensei. Chegou bem perto de mim, agachou-se para certificar-se se estava dormindo. Ergui a cabeça e disse:

- Oi, sensei! Que noite linda, não?
- Ahh, noite linda, né? Tudo é lindo pra Marcero, né?
- É, sem dúvida, Sensei. – Sensei levantou-se olhou para o céu por um instante.
- Obrigado por tudo, né, sensei?
- Hai! Hai! Boa noite. - e retirou-se.

Dia Vinte e Três de Julho

Acordei na mesma posição que havia adormecido. Meu corpo estava em frangalhos, mal podia erguer os braços. Meus punhos inchados pareciam pesar dez quilos! Pela primeira vez na vida, senti dores musculares após ter treinado aikidô. Não havia quem não se queixasse de dor.

Ueno sensei foi o primeiro a acordar e já estava de dogi, cutucando gentilmente as crianças que ainda insistiam em dormir um pouco mais.

Seguimos a mesma rotina: saudação ao Templo, leitura do Noritô, Misogui harai e, finalmente, o alimento.

No período da manhã, treinamos das dez horas ao meio dia. A cada queda, a cada chave, em cada movimento que com esforço realizava, sentia todos os meus músculos se retesarem. Diminuímos o ritmo. Nos minutos finais, praticávamos o "treino de companheiros", onde evitávamos entrar mais forte nos golpes. Haveria ainda o treino da tarde.

Após o almoço, tivemos duas horas de descanso e aproveitei para dormir, na intenção de recuperar o corpo.

Às três e meia retomamos o treino. Depois de um breve aquecimento, os exames foram iniciados. Nakayama san foi a primeira a ser chamada pelo Sensei que estava logo à frente do kamidana, no meio do tatame. Pra minha surpresa, meu nome foi soletrado e caminhei em shikko[46], até me posicionar. Meu uke seria Yoshitaka san, enquanto que o da Nakayama seria a mãe de Yoshitaka.

Eu estava muito tranquilo e executava exatamente o que Sensei solicitava. Yoshitaka san era um Uke formidável e os wazas exibiam uma harmonia incrível. O exame de faixa preta durou uma hora e finalizamos com um JiuWaza[47] com o ataque de vários ukes. O exame inteiro fora filmado. Ao término, a adrenalina havia subido e finalmente alcancei mais uma etapa.

A filmadora digital foi tirada do tripé e passamos, então, para a arrumação geral do dojô. Varredura e desmontagem do tatame.

Na antessala, Sensei Ueno, Ozawa sensei, Mori sensei e sua esposa assistiam o meu exame gravado e teciam comentários entre si. Meu entusiasmo era evidente e, olhando curioso para o interior da pequena sala, vi o Sensei fazer uma cara de reprovação... Pura brincadeira!

Depois de muitas despedidas, retornamos para casa e, na entrada do prédio, convidamos Fukushima sensei para juntos comemorarmos.

---

46   Andar e aplicar golpes de joelhos.
47   Treino livre.

A noite foi longa, radiante e alegre. Ríamos e bebíamos entre uma conversa mais séria e outra. Fukushima sensei explicou que, a partir daquela data, meu estudo da arte marcial deveria ser para o crescimento das outras pessoas, buscando sempre o lado mais profundo do Budô. O caminho não é simples e necessita de muito, muito esforço. Ueno sensei por sua vez, permaneceu em silêncio. Apenas demostrava satisfação em seu rosto e me encarava com olhar sempre acolhedor. Sentado com a mão apoiada na garrafa de sakê, compartilhava comigo a alegria daquele momento.

Dia Vinte e Quatro de Julho

Abri os olhos e, no beiral da varanda, passarinhos disputavam uma pequena poça formada pela água que escorria do ar condicionado para se refrescarem.

O corpo dolorido ao movimento desencorajou-me a correr no Jinja. Porém, a necessidade de agradecer esse verdadeiro sonho, me devolveu as forças, tamanha alegria que sentia. Sensei dormia e preparei, cuidadosamente, seu asagohan, deixando a louça da noite anterior lavada e a mesa feita. Segui para o Jinja e logo ao entrar comecei a refletir sobre minha jornada. Escrevi em meu diário:

De uma vida sem regalias, descobri a bondade do Criador. Pude transformar em amigas as belas pessoas que conheci... De todo o mal me afastei. A dificuldade de ganhar o pão, com minha saúde e esforço, saciei. Da simplicidade das coisas descobri a infinita beleza de Deus, E dela me enriqueço de luz e proteção. Hoje, meu coração fervilha de emoção e felicidade, por estar tão longe de meu lar e sentir que a distância não existe para aqueles que crêem na unidade, e pela sensação que minha oração neste

Templo Sagrado ecoará com os ventos para o ocidente. Enquanto meu espírito permanecer neste sentimento divino, elevo minha gratidão aos céus, inundado pelo aroma inquietante desse espaço divino...

Dia Vinte e Cinco de Julho

Meu corpo estava totalmente recuperado das dores musculares que o Gashuku impusera e, após a rotina de casa, fui caminhar pelas ruas do centro da cidade. Aproveitei para revelar alguns filmes e ligar para minha namorada.

Durante a conversa recheada de carinho, sua preocupação era se já tinha decidido o dia do meu retorno. Disse que seria em breve.

Até o final da tarde, perambulei pelas ruas que ainda desconhecia. Retornei ao Jinja e aguardei o início do treino.

Às dezenove horas, cerca de vinte e cinco pessoas participavam do aquecimento, enquanto Ueno sensei, em um dos cantos do dojô, executava um kiriaguê[48], com postura impecável. Treinávamos a técnica kokyu naguê por pouco mais de meia hora quando Sensei interrompeu o treino. Prevíamos o que se seguiria.

Diante do Kamidana, em um pequeno suporte, permanecia o diploma, uma faixa preta novinha e um hakamá envolto em uma folha de seda. Alguns me dirigiam sorrisos, como anunciando:

– Esta é sua hora, Marcero san...

Permaneci imóvel olhando fixamente para o sensei que já segurava o diploma, sentado em seiza e passando o olhar pelos presentes.

Seus olhos emanavam uma luminosidade especial, de orgulho, e se fixaram nos meus...

---

48   Movimentos que simulam um corte de espada.

Permanecia imóvel aguardando as instruções.

Meu nome e sobrenome completo ecoaram dentro do espaço abafado do dojô e, após curvar-me, segui de shikko até estar na frente dele.

Por instantes, apenas o silêncio predominou. A comunicação não verbal entre nós selava a reciprocidade. De mim, extrema gratidão. De Ueno sensei, exigência da fidelidade.

A leitura do diploma foi concluída definitivamente – trilha que abracei com entusiasmo e esforço, lembrando de toda minha trajetória de anos de afinco. Como cena de um filme, recebi de presente, diante dos amigos, a faixa preta e o hakamá.

O silêncio quebrado pelas palmas me fez agradecer da maneira mais humilde os que, com um amor incondicional, me acolheram em suas casas, com divertidas conversas, refeições e lembranças carinhosas. O tatame molhado de lágrimas seria sempre um pedaço de mim deixado ali, envolvido pelo ar, cheiro, som e espiritualidade do templo – um templo do mesmo Deus que aprendi a conhecer longe dali.

Yoshitaka san e Okimura sensei juntos, sob a ordem do Sensei, me ornamentavam com a faixa preta e o hakamá.

Estava pronto. Era um Shodan. O primeiro degrau.

Ueno sensei avaliando a colocação do hakamá, pessoalmente, ajoelhou-se diante de mim desfazendo todos os nós que os amigos fizeram, causando risos.

Logo estava arrumado da maneira dele e me exibiu aos presentes. Foi a maior lição de humildade e dedicação que um mestre poderia oferecer, a servidão a um discípulo. Senti, neste exato momento, o compromisso que teria pelo resto de minha vida. Ouvi novamente os aplausos, seguidos do jiuwaza. O sensei chamava, um a um, para participar e eu como uke voava com alegria.

O dojô, como de costume, comemorou com comida e bebida.

Voltando para casa, sozinho, parecia diante de uma realidade já escrita anteriormente. A certeza da iluminação e da graça me acompanhava na brisa que respirava. O corpo leve vibrava em um pulso, a felicidade da vida...

Dia Vinte de Seis de Julho

Saí de casa para comprar o CD, tema de uma novela que vinha acompanhando todas as terças e quintas, desde que cheguei no Japão. Fazia sucesso entre os jovens. Yumi Matsutoya era a cantora que, com voz suave, me encantava com a música tema de abertura ao drama. Essa seria minha lembrança musical da vivência com a linguagem, exercitada através de todos os meus sentidos.

Passei o dia inteiro fora, garimpando livros, CDs e postais. A consciência de que minha experiência chegava ao final, trouxe tristeza. O coração ficou pequeno, o peito apertado e meus pensamentos competiam com a razão, preenchendo minha mente com as mais maravilhosas lembranças desse período.

Preparei o jantar para Sensei e deixei a mesa posta. Bolinhos de carne moída com molho de tomate – porpetas – e os complementos tradicionais que apreciava.

Hoje seria minha última aula de shodô.

No caminho para a aula, escutando músicas infantis, conversava com Yasuyo san sobre as alegrias que tive ali. Ela, sempre em voz tranquila, disse que a minha presença aqui também proporcionara muitas alegrias, principalmente para as crianças e que a lembrança seria sempre agradável a todos.

Na aula, recebi meus melhores shojis em uma pequena pasta. Sensei Tanaka pedira para que escrevesse meu nome em uma outra folha a fim de confeccionar um carimbo com minha assinatura. Enviaria via correio quando estivesse pronto.

Surpreso, me deparei com uma pequena festa, no final da aula, encerrando minha última aula de escrita japonesa. Emocionado, agradeci a paciência e por tudo que me ensinara.

Já em casa, Sensei jantava com Ozawa sensei e Yoshitaka san que dormiria naquela noite em casa. Cedo seguiríamos para nossa última surf trip no pacífico. Minha emoção estava à flor da pele e essa noite, em especial, conversamos muito a respeito das amizades e de como, daqui pra frente, seguiria junto com meus professores do Brasil a "nova" era do Takemussu Aikidô.

Sensei disse então:

- Marcelo san, daqui pra frente, você deve ajudar a difundir o verdadeiro espírito de Takemussu. O caminho de um samurai está longe de ser simples e fácil. A partir de agora, você é meu aluno direto e quero que da próxima vez que vier para cá, traga todos os seus senseis junto com você. Esta é sua missão! Faremos um grande encontro e conte a eles tudo, tudo o que você sentiu aqui.

- Pô, Sensei! Seria a maior alegria nos reunirmos novamente. Na verdade é o sonho de todos nós lá do Brasil e pra mim será uma honra muito grande trazê-los para cá. – respondi sem excitação. – Para quando o senhor quer essa reunião?

- Ano que vem.

- Ano que vêm? Farei o possível, Sensei.

- Que sonho! Estar ali, novamente, com meus professores... Será algo "mágico"! - divaguei.

Senti que para Ueno sensei também seria algo muito especial.

Dia Vinte e Sete de Julho

Às quatro e meia da matina, já estávamos a caminho de Omaezaki para o meu último dia de surf na pátria do Sol Nascente. O sol brilhou com intensidade mágica. Olhava para Terutaka e

Yoshitaka san já sentindo saudades da companhia e das conversas. Yoshitaka, em especial, foi meu companheiro de pesca em rios, passeios de bicicletas e treinos de Kendô. Sua infantilidade, própria de seus treze anos, fazia com que me sentisse como um "irmão mais velho", responsável e grato pelo tempo dedicado a mim. Sempre alegre, sorridente e prestativo, foi o meu intérprete em conversas mais complexas, principalmente nas que se tratavam de emoções. Foi nele que compreendi o real espírito animado do Takemussu: corpo pequeno, frágil, gentil e de um poder infindável.

O mar estava calmo, sem ondas e passamos o dia brincando com a prancha de skinboard nas marolas da beira. Em cada tombo, ríamos uns dos outros, e o dia nesse mar, infelizmente, chegava ao fim.

À noite, nos reencontramos no dojô. Nossa pele, queimada pelo sol, ardia pela fricção do dogi e nossos rostos vermelhos pareciam Onis[49] da floresta.

Em casa, jantando com Sensei, falei sobre tudo que sentira aqui. Ele me olhava, profundamente, apenas escutando minhas palavras e percepções e, em certo momento, meus olhos lacrimejaram. À medida que me lembrava das experiências, as lágrimas corriam a face. Sensei então me serviu sakê.

- Marcero san, não teve vida fácil, né? Tudo que agora você sente e vive é a recompensa dos Kamis... Quando uma pessoa sofre e fica firme no caminho, lá na frente recebe muitas coisas boas. O espírito limpo faz com que o Ki[50] de Deus entre dentro do corpo. Precisa sempre caminhar, sem nunca parar. É importante ter poucas coisas na vida. Os amigos são essenciais e com um pouco de comida e um pouco de sakê <u>se vive bem.</u> <u>Não</u> precisa nada mais que isto. – sorrindo, bebeu um gole

49 Criaturas da mitologia japonesa. Oni equivale ao termo "demônio" ou "ogro".

50 Força, energia vital tratada como um fenômeno que pode ser experimentado e testado por aqueles que se dedicam às artes marciais.

de bebida.

Seu discurso era doce e acolhedor. Meu coração recebia e reconhecia a palavra de uma pessoa especial. Percebia o magnetismo que possuía e a razão de ser tão admirado no Brasil. Era simples, dedicado, humilde e dono de uma sabedoria universal. Seu estilo de vida era tão abnegado. Sua aparência transcendia um ar de ingenuidade e conhecia a natureza das coisas. Estar em sua presença realmente era bom.

Aos poucos, permitia que o conhecesse e, claro, a sensação que seu olhar impunha era para uma minoria privilegiada, da qual fazia parte.

Ser fiel a sua amizade era grandiosa responsabilidade, assim como deve ser com todos. A diferença era que ele sentia as pessoas, sabendo do que cada uma é capaz de fazer.

– Sensei, pelas histórias que me contaram lá no Brasil, muitas pessoas não tinham "esse espírito" que o senhor sempre fala. O Sensei não ficava magoado com aquelas que, de alguma forma, lhe prejudicaram ou mesmo te entristeceram? – o questionei.

Pensativo, emudeceu-se por uns instantes.

– Cada pessoa é única, tem um modo diferente de pensar e agir... – gesticulou com as mãos. – Muitos no Brasil me chamavam de sensei, mas poucos realmente falavam com o espírito. Não vê, Marcero san? Quantos hoje são Takemussu? – esperou a resposta me fitando com seus olhos.

– Ao todo, somente quatro. Quer dizer, agora cinco, né, Sensei?

Sensei riu e uma pausa silenciou o ambiente.

– Marcero san, não adianta falar bem e escrever coisas bonitas. Isso macaco que está com fome também faz. No Budô, o sentido das coisas é diferente. O amor, que no ocidente tanto se fala, "love", tem outro significado no Budô. Por isso é tão importante sentir.

Ele fez uma pausa, como se desse um tempo para que eu

assimilasse suas palavras.

— Quando eu estava no Brasil, muitas pessoas ligadas ou não ao aikidô me diziam: "Sensei, isto é pra você" ou "Você é o meu sensei" e hoje como estão essas pessoas?

— Hai, sensei, entendo. Muitos agiam como chupins, né?

— O que é chupins? – perguntou Sensei.

— É uma expressão designada para "pessoas interesseiras", sabe?

— Puxa saco?

— É quase isso, Sensei.

Rimos copiosamente.

Dia Vinte e Oito de Julho

A esposa do Sensei veio para Shizuoka e preparou um jantar especial. Fiquei todo o tempo com ela, ajudando nos preparativos. Yoshitaka san, sua mãe e Ozawa sensei participaram do jantar, conversando sobre diversos assuntos. Permaneci calado a maior parte do tempo. Em poucos dias voltaria para o Brasil. Minha tristeza era nítida. Todos, sem exceção, me serviam. Ueno Sensei pediu para que me sentasse ao seu lado e, mutuamente, nos servíamos de sakê.

Dia Vinte e Nove de Julho

O jantar da noite anterior me fez dormir até às dez da manhã. Acordei com a esposa do Sensei dando uma geral na casa. O café da manhã, preparado com incrível bondade e capricho, aproximou-nos, favorecendo a uma conversa mais íntima e informal.

Contou dos anos que passara longe do marido, que no Brasil ficara mais de dez anos. Percebia uma admiração transcendente pelo Sensei. Contou que foi uma época muito difícil, mas sempre esteve junto dele, apesar da distância. Por três vezes, nestes dez anos, teve a oportunidade de visitá-lo, lembrando de várias amizades que fizera. Destacou, em especial, Yukio san e sua esposa, donos de um restaurante no bairro da Liberdade, que foram grandes amigos de Ueno sensei e a recepcionavam em casa quando vinha visitar o Brasil. De fato, em nossas conversas Sensei sempre lembrava dos "birudôs" após os treinos. No restaurante "Deigo", uma deliciosa comida restaurava a energia gasta dos que o acompanhavam até altas horas da noite.

Continuamos nosso saudoso papo até quase meio dia. Segui, então, até o Jinja para levar alguns livros ao sensei, onde permaneci por alguns minutos. Logo retornei para casa, continuar a arrumação.

Às cinco da tarde recebi um telefonema do Sensei:

- Marcero san, tem presente pra você aqui.

- Ah é, Sensei? De quem?

- Suzuki Sensei mandou. Você quer?

- Ôôô Sensei, claro! – exclamei cheio de alegria.

- Então vem aqui.

Expliquei para Yukiko san que teria que ir para o Jinja. Ela aproveitou para enviar algumas camisetas ao esposo. Saí correndo de bicicleta rumo ao templo e encontrei o Sensei sentado, em característica posição.

- Dá licença, sensei?

Assentiu com a cabeça, tendo em suas mãos uma sacola.

- Tudo para Marcero san.

- Puxa vida Sensei, que gentileza... - segurei a sacola enquanto ele resistia em me entregar.

- Ah, não precisa, né? – puxou-a para si.

- Lógico que precisa, Sensei. Passa pra cá, vai!

Todos estavam tão curiosos quanto eu para saber o conteúdo da sacola. Sentei bem próximo do sensei para que ele também pudesse ver o que eu tinha recebido.

Dentro da sacola, três pacotes. Um a um coloquei no tatame e abri o pacote maior: uma camiseta com o kanji de "Ki" azul marinho; o segundo, um pouco menor, envolvia três toalhinhas de pano com o ideograma de Takemussu Aikidô; e, no último, um leque maravilhoso com dizeres xintoístas escrito por Ô Sensei.

Abri o leque. Tentei decifrá-lo sem sucesso.

- Sensei, o que está escrito?

Ele tomou o leque e seguiu cada palavra com o dedo.

"Na beleza entre o céu e a terra, nasce uma única família...".

- Que bonito, né, Sensei?

- Tudo pra Marcero é bonito, né? Então agora já ganhou presente de Hombu – a sede da assosssiação -, fez muitos amigos, mas esposa ainda esperando você ajudá-la na casa.

- Ah, hai, Sensei! Já vou indo.

- Espera. – disse - Seis horas volta para cá porque temos hoje festa de Hanabi[51].

- Ok, sensei.

---

51 Festividade japonesa realizada durante o verão, em várias províncias por todo o país, e outono onde são queimados muitos fogos de artifício.

A FESTA DE HANABI

Seguimos a partir do Jinja. As crianças à frente guiavam o resto do grupo Takemussu. À medida que nos aproximávamos do rio Abe kawa, uma multidão seguia o mesmo trajeto. Em pouco tempo, parecia que toda a cidade dirigia-se à festa. Casais de namorados, em roupas tradicionais, coloriam o ambiente com alegria. Ouvíamos o som de fogos em salvas. Um amplo espaço, lotados de pessoas, compunha o fim de tarde com o sol por trás das montanhas. Locais predeterminados para cada família, forrados de papéis, destoavam dos já ocupados. Ao redor do baixo rio, milhares de pessoas, em ritmo cadenciado, se acomodavam no gramado.

    Fomos gentilmente conduzidos por um gentil organizador até o nosso espaço, onde uma imensa geladeira portátil nos esperava repleta de bebidas. Em um carrinho de mão, as guloseimas completavam o banquete.

    Com a máquina fotográfica em punho, registrava a face de cada um: as crianças buscando com os olhos o próximo estrondo;

Ueno sensei, sendo servido de sakê por Ozawa sensei; e a comunhão, não apenas nossa, mas de toda a multidão na busca dos brilhos dos fogos de artifício. Aos poucos a noite caia. A paisagem mudava até que a noite dominou o céu.

Primeiramente, o estrondo e, segundos depois, cores espetaculares iluminavam as faces da multidão. Algumas séries, enchiam de cor toda a abóbada celeste. Aplausos e gritos eram as manifestações de euforia em resposta ao espetáculo. Não contive a emoção e, nesse rio, minhas lágrimas se uniram às suas águas cristalinas, num país de infinitas sensações.

Sensei me acompanhava na emoção. Seus olhos diziam:

- Isto é para você nunca mais esquecer...

O fardo da responsabilidade que vinha, dia a dia, enchendo meu espírito, culminava em pensamentos de amor e sofrimento. O que buscava, desde minha adolescência - "uma grande aventura" - estava diante de mim. Tão real e tão espiritual... Um sonho idealizado que abriu caminho para o desconhecido.

Impossível voltar atrás.

Ali estavam as cores da vida, cores da celebração. Nos sorrisos dos amigos, uma eterna lembrança. Uma festa aos antepassados conduzia-me a um novo nascimento.

Dia Trinta de Julho

Minha última aula para as crianças.

No dojô todas sentadas em seiza aguardavam os toques do tambor. Passei o olhar por cada uma delas a fim de fixar na mente os sorrisos. Por um instante, enquanto ouvia o estrondo do grave som das batidas, fechei meus olhos concentrando-me em na atmosfera do momento. O treino, diferente dos anteriores, tinha verdadeiramente um ar de despedida. Os pequenos estavam em silêncio e extremamente centrados, como se também estivessem sentindo que em poucos dias voltaria para minha pátria. O ar não era de tristeza e sim de pura reflexão.

Ao final do treino, os pais fizeram discursos e cada um trazia consigo uma lembrança. A emoção estaria fortemente impressa nos dias que se transcorreriam.

Como é de se esperar de um coração taurino, meu choro vertia a cada mãe que se aproximava e carinhosamente oferecia seu presente. Algumas delas também, para minha surpresa e maior emoção, chegavam com os olhos marejados de lágrimas. A todas fiz questão de abraçar e beijar o rosto, em gratidão.

Fiz um pequeno discurso agradecendo todo carinho e respeito dedicado a mim nos "domingos divertidos". Terminamos com um piquenique às sombras de uma enorme cerejeira ao lado do dojô.

Olhava tudo ao redor e todos a minha volta... Quanta divindade!

Fiz uma oração silenciosa:

"Pai nosso, que estais no céu...".

A mãe de Yoshitaka levou-nos para um lugar afastado das montanhas em um outro rio de águas cristalinas. Eu e o pequeno mestre pescamos com a fisga de bambu vários aiyus. Passamos três horas brincando nas corredeiras daquele lugar. A mãe, generosamente, aguardava sentada na pequena rocha a beirada do rio. Respirava profundamente, captava todo o ar possível daquele lugar.

Voltei para casa e Ueno sensei preparava o jantar. Contei sobre o dia e a minha sensação de tristeza por estar a pouco tempo do meu retorno.

- Sensei, estou um pouco amargurado... – passei a mão no

peito. - Acho que agora entendo o porquê o amor ágape é diferente de love...

Ele desviou o olhar da televisão e apanhou seu copo de saquê que estava vazio.

- Ô Sensei, sumimasen... – enchi o copo dele.
- Marcero san, não bebe hoje?
- Ah, Sensei... Desculpe mais uma vez. - peguei o copo e sensei encheu-o até a boca.
- Marcero san sente muitas coisas, né? Já tem o espírito de Takemussu, né?
- Acho que sim, Sensei. Talvez entenda que o próprio aikidô é o caminho do amor, pois o que percebo aqui é sentimento profundo... As pessoas dentro do dojô realmente se respeitam. Há tempos não via, nem sentia algo assim. Isso é amor, não é? - perguntei ao sensei.

Sensei então se ajeitou e me respondeu como uma outra pergunta:

- Você acha que o Budô é o amor?

Não ousei responder.

- Existem pessoas que treinam aikidô como uma mentira. Parece de brincadeira, né? Então, como fica se houver inimigo? Ou então, como aplicar o kotegaeshi num lutador de sumô?

Sensei me olhava como se questionasse não apenas a qualidade técnica, mas a percepção mais profunda das coisas.

- Por isso, o treino é apenas uma parte do caminho e o amor que você fala é diferente do que amor do Budô. Entende?
- Acho que sim...
- Aqui eu te apresentei a família Takemussu e agora você faz parte dela. Hoje você é Shodan e a compreensão do aikidô deve ser também diferente. No Brasil, muitas pessoas ficarão com ciúmes. – Sensei riu, espontaneamente. – E é aí que sua base deve ficar firme.

Ouvindo aquelas palavras não entendia ao certo onde

ele queria chegar, mas sentia que algo ainda mais profundo me aguardava a partir dali.

Ficamos conversando até a madrugada e recebi muitos conselhos e orientações, principalmente, em relação aos meus professores do Brasil. Diversas vezes, falava que a partir de então ele era o meu mestre.

Assumi, definitivamente, um compromisso para o resto da minha vida, palavra de homem.

DIA TRINTA E UM DE JULHO

Acordei por volta das nove e meia e fui correr no Jinja. Fiquei admirando a paisagem do lugar onde descobri, pela primeira vez, o topo descampado da montanha.

À noite, eu, Sensei e Fukushima sensei fomos ao mercado e compramos sakê e muitas garrafas de cerveja. Tomamos todas, embalados em um bate papo que tratava do retorno ao Japão. Dizia sempre, olhando para Ueno sensei, que dependia do convite dele. Sensei fazia como se não escutasse e os risos eram inevitáveis.

DIA PRIMEIRO DE AGOSTO

Recebi o telefonema da Brasvia de Tóquio confirmando meu retorno para o dia cinco. Faltam apenas quatro dias.

Yoshitaka passou em casa cedo e passamos o dia no rio Abegawa. Compramos petiscos, refrescos e carvão para assar os peixes que iríamos pescar. De bicicleta, seguimos um percurso novo, mais próximo das montanhas, num local de poucas casas e rico em vegetação. A água que corria entre as pedras era muito mais cristalina do que lá em baixo e podíamos enxergar muitos peixes nadando contra a correnteza em busca de alimento. A profundidade beirava os dois metros e mesmo assim o fundo era plenamente visível. Olhava para Yoshitaka e sentia um profundo carinho e admiração. Ele sempre esteve disponível para me acompanhar e criamos um elo forte. Permanecemos lá até o pôr-do-sol. Enquanto assávamos os mais de quinze Ayus pescados, reparava em seu semblante. Um amigo verdadeiro fizera ali. Um irmãozinho mais novo me deu a alegria de brincar e nunca mais esquecer.

Voltei para casa e o Sensei ligou pedindo que levasse alguns livros para o Templo.

Passeando pelas ruas do centro notava cada detalhe e me aprofundava mais nas sensações. Queria ter na memória, por muito tempo, todo aquela paisagem. A movimentação, o brilho dos outdoors, as centenas de bicicletas estacionadas na guia e, principalmente, o jeito das pessoas que transitavam por todos os lados.

Voltei para o dojô pensando em meu penúltimo treino. Abri o dojô e montei sozinho o tatame. O telefone da antessala tocou e fui atendê-lo. Era Terutaka san me convidando para mais um dia de surf. Acreditava já ter cumprido minhas jornadas surfísticas por lá, mas combinamos para o dia seguinte. Desta vez, Yamamoto, outro shodan, viajaria conosco.

O treino transcorreu como de costume, mas o calor era insuportável.

Já em casa comentei com Sensei sobre o compromisso com Terutaka san. Ueno sensei para minha surpresa pediu, de forma educada, mas muito firme, para que desmarcasse o combinado. Na hora não entendi, mas também não o questionei. Fukushima sensei jantava conosco e pelo que entendi do diálogo, o motivo principal da minha vinda até aqui era o aikidô e ponto final.

Dia Dois de Agosto

Neste dia, aconteceu uma festa "matsuri" dedicada às crianças. Muitas delas eram do dojô. O Jinja estava alegre e com um ar acolhedor. Famílias inteiras passeavam pelos corredores formados pelas barraquinhas. Vendiam de tudo, desde comida até brinquedos típicos. Ueno sensei estava no uketsuke e pediu que entrasse.

Dentro de uma caixa, dezenas de cartas dos amigos e alunos do Brasil entupiam o espaço interior. Em suas mãos, algumas cartas de professores que tiveram aula com ele.

- Leia esta daqui. - Sensei estendeu a carta que já fora do envelope.

No seu conteúdo um professor que tinha se filiado a uma outra associação, solicitava, formal e educadamente, em japonês, a ida do Sensei para o Brasil, a fim de celebrar o "Missogui" para sua turma, com todas as despesas pagas.

- Caramba, Sensei... E qual foi sua resposta? - perguntei.
- Nem respondi. - disse ele.

Senti o ar carregado de ensinamento. Pude entender o que não deveria fazer a partir dali e que minhas palavras e atitudes é que sustentariam nossa relação sagrada.

Conversamos sobre a profundidade da relação entre mestre e discípulo. A cada palavra, mais seriedade via em seu semblante. Aqueles olhos impenetráveis agora resplandeciam fidelidade. Sentado à sua frente, era incapaz de reagir com perguntas. Apenas refletia sobre o rumo que nossa relação poderia tomar. O meu medo era estabelecer-me em caminhos equivocados. Ficou muito claro que a ponte que agora surgia era extremamente frágil. Dependia apenas de mim a condução dessa magnífica amizade.

Yoshitaka san chegou e continuamos a conversar sobre coisas relacionadas ao aikidô. Aquela foi a mais longa conversa que

tive com Ueno sensei sobre Budô.

Dia Três de Agosto

Preparei o café da manhã para Yoshitaka, em silêncio, refletindo sobre a conversa da noite anterior. Ovos mexidos e uma bela omelete com pão, manteiga e iogurte. Fizemos o desejum e ele seguiu para um compromisso na escola.

Fui para o rio Abegawa sozinho. Meus pensamentos ecoavam. A felicidade transbordava e contrastava com o vazio que me incomodava há dias. Todos os acontecimentos que vivi pareciam pedir minha permanência ali. Não queria que a experiência terminasse. Contudo, a ânsia por compartilhar tudo com os amigos do Brasil, extrapolava os limites da minha vontade.

Por uma hora e meia fiquei sozinho à beira do rio, olhando para o correr de suas águas e os meus pensamentos, ritmados com a correnteza, tomavam o rumo do mar. Meu espírito, definitivamente, fazia parte daquele lugar. Mais uma vez, meus olhos encheram-se de lágrimas e, a cada gota que caía sobre as pedras, formas diversas surgiam. O choro, longe de tristeza, falava da mais sincera forma de agradecimento.

Fui para o centro e entrei em várias livrarias.

À tarde voltei para casa e arrumei minhas malas. Preparei meu retorno. Acomodei meus presentes dos quarenta dias com o maior cuidado. Cada um lembrava a pessoa que o ofereceu. Percebi que voltaria com excesso de bagagem e minha mala não suportaria todos os novos pertences.

Peguei a bike e fui para rua próxima ao Jinja onde havia uma loja de artigos de pesca. Comprei uma mochila média que acreditava comportar o restante da bagagem.

Tudo arrumado, segui para o dojô, para o meu último treino.

Ueno sensei estava sozinho na antessala. Apresentava um semblante diferente. O clima no dojô também estava estranho. Comecei a montar os tatames e logo Yoshitaka chegou para me ajudar. Ficamos em silêncio enquanto, aos poucos, os outros chegavam.

O treino começou às sete horas em ponto. Havia cerca de cinquenta pessoas treinando. Todas as crianças estavam presentes. Treinamos por quase duas horas.

No final, enquanto terminávamos com o ritual xintoísta, passei o olhar para tudo a minha volta e profundamente agradeci por aquele momento.

A partir daí, uma festinha, nos moldes da minha primeira recepção, foi preparada. As mesinhas, bebidas e quitutes e o meu coração apertado.

Desta vez, sentei entre Ueno sensei e Mori sensei e ambos, juntamente com Ozawa sensei, permaneciam atentos ao meu copo de sakê. Não permitiram que servisse ninguém. Eu era o convidado. Era a minha festa de despedida.

As pessoas conseguiram me cativar.

Ueno sensei, sem falar uma única palavra, comandava a harmonia do momento. Parecia que todos conheciam sua intenção: deixar em mim uma marca que nunca mais esqueceria, lembrança que levaria para toda a minha vida, um marco na minha historia.

A gentileza e o cuidado que recebi era incompensável, como se numa batalha seu adversário te tirasse de combate sem ao menos desferir um único golpe. Vivi uma batalha de amor verdadeiro. Reconheci o valor de um verdadeiro homem, que sem maior esforço recebe a admiração de todos.

Sempre olhava para o Sensei que parecia me dizer, com seu sorriso maroto:

- Não esqueça daqui...

Retribuía com toda a minha intenção telepática:

- Como poderei esquecer?

Mori sensei, de dentro de uma sacola, me ofereceu um pacote. Era uma gueta[52], com meu nome talhado na sola.

As crianças, com um breve discurso, montaram um quadrinho típico com dizeres carinhosos e desenhos caricaturados.

Okimura e sua esposa entregaram-me três fitas de vídeo. Uma contendo todas as festinhas desde a minha primeira recepção, outra com meu exame de shodan e a última a da festa de hanabi.

Ozawa sensei fez um discurso. Ueno sensei apoiava seu ombro no meu e as lágrimas agora inundavam minha face. A emoção daquele momento extrapolou meus limites. Na minha vez de agradecer, referi-me apenas a Ueno sensei. Eu, fruto de seu trabalho do Brasil, era a testemunha que sua benevolência e magnetismo. Uma pessoa que, com simplicidade de monge, levava a todos os que treinavam com ele o espírito universal. Uma figura extraordinária!

Entre minhas lágrimas e soluços, ergui os olhos e focalizei Yoshitaka san chorando junto da mãe. Percebi então que muitas crianças, Yasuo san, a esposa de Mori sensei, estavam também emocionadas. Minha emoção tornou-se tão intensa que não conseguia mais falar. Os soluços, como de uma criança, fizeram com que revivesse a experiência do encontro de Caná.

Retornei para casa no carro de Okimura san, chorando muito de emoção. Sentia-me realmente iluminado por Deus. Possuía certa amargura, como se algo de mim ficasse naquele templo. Enquanto o portal se distanciava.

Em casa, além de mim e o Sensei, estavam Okimura san, Yasuyo e suas filhas Aya e Tomo. Yasuyo san preparou rapidamente a mesa com a sobra da festinha do dojô. Eu permanecia quieto e chorando muito. Era uma alegria triste.

Ueno sensei me olhava enquanto conversava com Okimura

---

52 Chinelo de madeira tipicamente japonês.

sensei sobre mim e o tempo que permaneci ali.

- Marcero san, por que tá chorando? Não precisa chorar... - consolou-me.

- Meu sentimento não é de tristeza, Sensei, mas de profundo agradecimento. Nem sei como lhe agradecer, e aos outros, por tudo que fizeram por mim. Realmente, não sei nem o que dizer... - enxuguei as lágrimas em um lenço dado por Yasuyo.

- Ano que vêm estarei esperando por você... – acalentou-me.

Ficamos até meia noite e meia conversando e um filme desse pequeno fragmento da minha vida passava pela cabeça.

- Que grande aventura, meu Deus!

Pedi licença e fui para o quarto juntar minhas coisas. Ficaria estes dois últimos dias na casa do Okimura san, um pedido dele próprio.

Enquanto estava sentado no chão, conferindo minhas coisas, Ueno sensei entrou no quarto e abriu os dois braços.

- Você agora é meu filho...

Levantei em um pulo e abracei-o com toda a força. Soluçava como criança. Naquele momento, resolvia todos os meus ressentimentos da ausência do meu pai. Agradeci.

- Sensei, que Deus te ilumine e proteja... Se cuida!

Despedi-me com um beijo na calva cabeça.

Segui então para casa de Okimura com essa última imagem do Sensei: de braços abertos, um gesto de acolhimento. Pensei o quanto era uma pessoa de sorte e lembrei de quantas pessoas generosas passaram e ainda convivem comigo: Padinho Ré, Tia Rose, Tia Nizinha, Ruelito, Tinga, os amigos verdadeiros, meus bons professores, e como são sagrados. A minha vontade, a partir daquele instante, era de partilhar toda essa emoção.

Dia Quatro de Agosto - Penúltimo Dia

Acordei com uma insuportável dor de cabeça. Olhei-me no espelho e meus olhos estavam iguais os de um lutador de boxe que levou uma surra durante doze rounds seguidos! Praticamente não abriam.

Permaneci em silêncio durante toda a manhã. Estava em profunda reflexão. Tomamos café e, Okimura e eu, fomos comprar os bilhetes de shinkansen para Narita.

No caminho notava, em câmera lenta, a cidade. O dia estava nublado. Parecia reflexo da minha tristeza. Okimura sensei nada falou durante todo o percurso. Um nó na garganta prendia a minha vontade de chorar. Um sentimento dúbio de morte e renascimento. Difícil de explicar. Achei que, por não estar esperando absolutamente nada dessa viagem, recebi tudo em dobro.

Voltamos para a casa dele para buscar esposa e filhas. Almoçamos em um restaurante perto do Jinja. Para a família Okimura, em especial, devia milhões de ons[53]. Quantos cuidados, quanta generosidade.

Passamos o dia em Shizuoka e a lembrança daquela maravilhosa cidade fundiu-se à minha memória.

Dia Cinco de Agosto - O Retorno

Yasuyo levou-nos à estação de carro. Na chegada, enquanto Okimura sensei retirava minhas bagagens do porta-malas, olhei bem nos olhos já marejados e abracei-a com todo meu carinho.

Soluços soaram e as lágrimas dela misturaram-se às minhas.

- Nunca vou esquecer de sua generosidade. Muito obrigado. - com um beijo me despedi.

Seguimos então para Narita.

---
53 Dívidas.

No aeroporto, com as bagagens despachadas, paramos em um café. Conversamos até o horário da entrada no saguão. Ele me acompanhou até o portão. Conferi minhas passagens e fitei-o com meus olhos. Fui a sua direção com intenção de abraçá-lo. Ele recuou com lágrimas no rosto. Percebi que um abraço seria algo extremamente forte. Me posicionei e curvado me despedi daquele que foi um grande amigo.

- Tchau, Okimura sensei. Fique com Deus.

O avião acelerou pela pista e decolou. Pela janela via a ilha se distanciando. A visão daquele mar azul turquesa, enchia os meus olhos de lágrimas salgadas. Meus pensamentos se confundiam entre a realidade e o sonho. O Samurai, Ueno sensei, aparecia em minha memória como o responsável por tudo que vivi naquele país. Novos amigos e eternos.

"Obrigado, Espírito, Santo, Amém..."

Segunda Viagem - 1997

O VENTO – A rajada

"Desta vez, as datas não tinham mais importância... O dia e a noite não modificavam meu espírito que Permacecia em alerta, retesado como a corda de um arco... Foi um tempo de sensações fortes e de decisões definitivas."

Dia vinte e cinco de junho de mil novecentos e noventa e sete. Faltavam dois dias para o embarque. Destino: Japão. Desta vez a atmosfera era completamente diferente.

Minha sensação de alegria em rever amigos e principalmente o Ueno sensei, era contida pela nítida percepção de os meus caminhos e dos meus professores tomariam, cedo ou tarde, rumos diferentes. Realmente não entendia o porquê de tantas reticências comigo, já que essa seria uma viagem memorável. Achava que meu sentimento de gratidão para com eles perduraria para sempre, mas, ao contrário, um abismo gradativo nos dividia.

Meu retorno ao Brasil, dois anos antes, trouxe muitas sensações, mas não consegui transmiti-las como pensava.

Eles, depois de muitos anos, reencontrariam o mestre, e eu, sob as ordens do próprio Sensei, organizava toda a viagem.

No último gashuku, na casa de praia de um dos professores, presenciei uma conversa, onde os três discutiam a decisão da minha ida ou não à viagem. Fiquei profundamente chateado, pois nem mesmo fui consultado sobre a decisão. Por sorte, Ueno sensei exigiu minha presença.

O clima era pesado, talvez diante de meu excesso de entusiasmo desde o retorno, pois o nosso dojô começava a receber mais alunos, abrir mais turmas. Motivado pelas inúmeras cartas que recebia mensalmente dos amigos do Japão, empenhava-me, ao máximo, em transmitir o espírito Takemussu.

Infelizmente, algumas indisposições tornaram aquela viagem, desde os preparativos, muito penosa para mim e intuía que tudo seria diferente. Contudo, não poderia fracassar na missão de levá-los para lá. Foi um pedido de Ueno sensei. Prometi e cumpriria.

Naquela noite, antes de presenciar tal conversa, sonhei com Sensei. Ele passava a mão em minha cabeça, carinhosamente, e falava coisas que não compreendia.

Seis meses antes, escrevi uma carta para ele, sem contar o que estava realmente acontecendo, pois não queria entristecê-lo. Tinha consciência de que essa viagem não era apenas minha. Era, sim, uma viagem de grande alegria para o meu mestre.

Sensei respondeu perguntando detalhes do dia da chegada e sobre as pessoas que iriam. Inicialmente viajaríamos nós quatro, mais dois alunos faixas marrons.

Três meses antes, um desses alunos levou um tiro que atravessou sua mandíbula, em um assalto. Por sorte não teve sequelas. Diante disso, minha professora resolveu levar uma das meninas que treinavam conosco, e que namorava um dos faixas marrons, no lugar do colega acidentado.

Desde que tinha retornado do Japão, Ueno sensei passou a me enviar cartas em japonês. Possuía certo conhecimento da língua e o que não compreendia levava para minha sensei de nihongô traduzir. Fazia questão de partilhá-las com meus professores, pois a ideia era que se alegrassem comigo. Porém, não sentia entusiasmo da parte deles.

Em junho de 1997, embarcamos para o Japão e, durante o longo percurso, meditava sobre qual postura deveria tomar perante naquela situação. Deveria manter-me no centro. Lembrei do Mestre, em sua postura inabalável, e de nossas conversas sentados no tatame, saboreando o morno saquê. Constatei que o caminho estava longe de ser todo em flores, e que para repetir idêntica paisagem é preciso que o vento carregue as sementes, capacitando-as a florescerem em outros lugares.

Desde o início, uma estranha sensação imperava em meus sentidos. Era cada um por si. Não éramos uma família.

O vôo até o aeroporto de Narita foi de pouquíssimos diálogos, talvez pela ansiedade de reencontrar o Sensei.

- Mas isto não seria uma sensação boa? - me perguntava, em silêncio.

Meu sentir era recoberto de peso. Uma sutil desconfiança. Mas não sabia ao certo o verdadeiro motivo.

A partida teve uma conotação diferente. Cada um com suas aspirações e percepções. Apenas lá, junto com nosso mestre, mostraríamos o que realmente estávamos sentindo.

O Reencontro

Do avião, avistamos a Ilha e os contornos suaves da geografia local, vidrados nas pequenas janelas. Desembarcamos em Narita e despachamos as bagagens pelo correio. Tínhamos levado também duas caixas enormes de livros que pertenciam ao Sensei, deixados aos cuidados de nossa professora. Enviamos tudo junto.

Liguei para Ueno Sensei que contente me perguntou:
- Oi, onde está?
- Chegamos, Sensei! - estamos saindo de Narita.
- Quando chegar a estação de Shizuoka, Okimura e Mori sensei estarão esperando para ir ao Jinja. Entende?
- Hai, Sensei. - finalizei ansioso para revê-lo.

Seguimos então para Shizuoka passando por Tóquio, onde tomamos o shinkansen. No percurso, revivia a alegria de dois anos atrás. Em Mishima, apesar do tempo parcialmente nublado, o Fuji se mostrou esplendoroso.

Todos, em uníssono, gritaram:

– Olhem!!! - boquiabertos.

A ansiedade fazia meus dedos tremerem. Sentia o ar estranho. Uma tensão desfavorável, apesar da alegria de, pela segunda vez, estar ali.

Chegamos à estação e logo fomos recebidos pelo Okimura sensei ainda na plataforma. Apresentei-o a todos e dei-lhe um longo abraço.

- Como é bom estar aqui novamente, estava com muitas saudades. – disse.

- Todos estão esperando por vocês. Sensei espera lá no Jinja. Vamos!

A esposa de Mori sensei também nos aguardava no estacionamento da estação. Assim, divididos nos carros, seguimos para o Jinja.

Conversava com Okimura e agradecia pelas inúmeras cartas e presentes que enviavam para o Brasil. Entramos pela estrada lateral do templo. Mori san chegara instantes antes. Saímos do carro e seguimos para o Uketsuke. Pela viela, acompanhando a entrada de um dos templos principais, vi Sensei em pé aguardando, próximo à bica d'água.

Minha vontade naquele instante era correr como criança e abraçá-lo, mas contive o ímpeto. Saberia que seria desastroso.

Fui o primeiro a cumprimentá-lo e seu sorriso dava àquele instante toque de divindade. Apertei suas mãos:

- Oi, Sensei! Olha eu aqui novamente. - ele apenas sorriu.

Um a um, Sensei cumprimentou com um aperto de mão, com exceção do professor Fernando. Com um longo abraço e visivelmente emocionados, selou ali, a chegada no templo do nosso mestre. Estávamos radiantes.

Seguimos para o seikan, onde permaneceríamos acomodados durante estadia. Logo encontramos a maioria dos amigos do dojô. Yasuyo san correu para me dar um enorme abraço. Yoshitaka san havia crescido e me espantei com quantidade de massa muscular que adquiriu. Muitas crianças estavam presentes. Yukiko san, a esposa de Ueno sensei, também fazia parte da calorosa integração.

Uma longa mesa foi montada e, como de costume, uma quantidade enorme de comida e bebida revelava a bondade da recepção. Estava tão alegre que falava compulsivamente. Cuidei de todas as apresentações.

No decorrer da festa, a alegria tomava conta do ambiente. Pensei que a ocasião seria uma excelente oportunidade para restabelecer nossa condição de grupo, mas, minhas sensações estavam à flor da pele e o olhar de Ueno Sensei demostrava perceber a todos em particular.

Notei que ele sentia a tensão já há algum tempo.

- Como era possível? - pensava.

Os Quinze Dias

A recepção foi memorável na noite anterior. Tomamos todas e parecíamos muito felizes. Sensei era o que mais demonstrava contentamento. Contava dos treinos no Brasil e traduzia, simultaneamente, a conversa. O clima negativo dos visitantes não influenciava o momento.

Pela manhã, organizamos o café, facilitado pela gentileza dos que trouxeram pães, leite, geléias, café e bananas!

Kodama san estava conosco, auxiliando no dia a dia. Ueno sensei veio nos encontrar para que juntos fizéssemos a primeira refeição. Logo Okimura sensei e Yasuyo san vieram nos buscar para visitar um museu na cidade. Estava de intérprete e fazia a ponte de comunicação entre eles.

No final de tarde, Ueno sensei me chamou no uketsuke e pediu para que orientasse sobre a limpeza geral, o funcionamento do ofurô e a máquina de lavar.

Seguimos então para um longo passeio nas trilhas do Jinja. Em cada templo, pedia força e sabedoria. Mostrava os caminhos que percorri e os acontecimentos da vez que estive ali sozinho.

À noite, liguei para a minha namorada. Seu pai, dias antes do meu embarque, sofrera outro infarto e seria necessário uma intervenção cirúrgica de urgência e de alto risco. Estava muito preocupado com ela. Se não fosse esse contratempo, ela poderia estar comigo. Porém, sentia que meu destino era passar por situações que desconhecia, sentia a escuridão se aproximando de mim.

Durante o jantar, não éramos um grupo e, sim, indivíduos convivendo com cautela mútua.

Os dias transcorriam e seguíamos a rotina ordenada pelo Mestre: cuidar do Seikan, varrer as escadarias do Jinja e receber as numerosas gentilezas de todos. Tínhamos bicicletas à disposição como meio de transporte, lazer e cultura. Cada dia era um roteiro diferente. Os locais que havia conhecido na viagem anterior, agora traziam o prazer do reencontro. Embora partilhasse meus sentimentos anteriores, a expressão do momento era completamente diferente, como em cada golpe, diferente um do outro, mesmo executando a mesma técnica. Momentos únicos.

Foi uma grande festa que nos apresentou o verdadeiro espírito Takemussu, através da gratuidade e atitudes solícitas dos que nos recepcionavam. O cuidado com os detalhes e a paciência em compreender nossas diferenças culturais nos tocou profundamente.

Kodama san permaneceu no Jinja enquanto durou nossa estadia. Tornou-se um grande irmão.

Um belo dia, Ueno Sensei nos apresentou um senhor chamado Ota, pitolo de caça na Segunda Guerra. Seus cabelos brancos e o claro desejo de se comunicar nos enchiam de entusiasmo e curiosidade, tanto pela personalidade como pelas histórias do período de guerra.

– Nós éramos muito jovens e tínhamos o espírito cheio de energia. Na aeronave, fazíamos vôos de reconhecimento, e a cada mergulho e retomada, a pele do rosto deformava. Os olhos pareciam que pulariam para fora do rosto. – dizia o ancião.

Sempre trazia consigo algum tipo de iguaria ou bebida para que permanecêssemos por pelo menos duas horas nos entretendo, entoando as canções antigas. Nas rugas desenhadas pelo tempo, na voz suave de gestos sutis, fez-me repensar sobre o mito do homem guerreiro, salgado de cicatrizes. A sabedoria de fluir, como um rio, a cada momento da vida guerreando ao sabor do vento, revelava o verdadeiro sábio.

Embora não encarasse a situação como conflito, algumas discussões nos primeiros dias assolavam a aparente unidade. Assim, teria que encarar a realidade. O futuro do meu relacionamento com meus professores e com Ueno Sensei dependia somente de minhas escolhas. Uma única coisa não abalada era o espírito daqueles que nos recebiam.

Quinze dias de aprendizado. Gentileza, dedicação e convite. Nítida era a capacidade de acolher, assim com a brisa que acolhe as folhas que lhe impõe resistência.

Conhecendo o Sagrado

Acordamos cedo e seguimos de shinkansen para a cidade de Nagoya e, de lá, faríamos uma conexão até o templo Isê. Fukushima sensei também fora conosco.

A cidade, cheia de casais recém-casados e idosos, tinha uma atmosfera diferenciada. Na entrada dos templos sagrados do Imperador, um tori[54] gigantesco imprimia ar divino aos visitantes. O cheiro era idêntico ao do Jinja. Eu estava com as emoções transpassando os poros e sentia que novas descobertas me aguardavam ali.

Uma longa alameda delimitada por uma fileira infindável de enormes árvores, tipo sequóia, impressionava pela corpulência. Ueno sensei parou à frente de uma dessas árvores e me chamou:

- Ponha o ouvido aqui e veja se consegue escutar alguma coisa.

Apoiei minhas duas mãos no tronco e encostei o ouvido. Fechei os olhos e respirei fundo.

- Tô escutando, tô escutando, sensei... - gritando me virei.

Um som de estalos de fibras em diferentes tons e ritmos dava a impressão de que algo corria nas entranhas da enorme árvore. Parecia um rio que, trazendo os galhos caídos do leito, batiam em pedras que afloravam do fundo.

Sensei me olhava com aquele olhar profundo como se quisesse me falar algo. Um pouco a adiante, parou novamente. Os demais estavam um pouco atrás. Diante dele, uma árvore seca, de aparência muito antiga, e outra jovem, robusta e cheia de folhas tenras e verdes.

- Marcero san é esta pequena aqui. Quantos frutos devem dar, né? É você. Entende?

A brisa que suavemente balançava meus cabelos limpou-me

---

54 Portão tradicional japonês, ligado à tradição xintoísta e assinala a entrada ou proximidade de um santuário.

Tempo de Isê

e foi alívio diante da angústia. Aquelas palavras trouxeram a certeza de que ele sabia o que estava acontecendo. Como grande mestre, esperava pela oportunidade de falar.

Naquele lugar majestoso e significativo, meus pensamentos se tornaram claros e tranquilos. A sensibilidade cooperava com o estímulo ao autoconhecimento.

Um lago cheio de carpas coloridas completava a harmonia local. Sensei pedira para que colocasse as mãos na água. Ao fazê-lo, muitas vieram mordiscar minhas mãos em busca de comida. As escamas oleosas acalentavam meu íntimo e aflorava minhas virtudes. Que placidez!

Até o final de tarde permanecemos em Isê, passeando pelas alamedas e visitando templos. Um em particular nos recebera como os primeiros ocidentais com permissão de entrada. Ueno sensei, que era de altíssimo grau eclesiástico, conseguiu essa exceção.

No retorno para Shizuoka, Sensei pediu para que sentasse ao seu lado e por todo o percurso conversamos sobre o que estava acontecendo, abertamente. Fazia comparações sobre a filosofia xintoísta e o dia a dia.

- As provações da vida ocorrem desde quando se acorda e manter-se firme é muito importante. - disse.

Contou-me também sobre o significado dos elementos da filosofia religiosa, bem como o formato dos telhados dos templos e a influência que exercem na direção das energias da terra e do céu.

O belo era sentir que, mesmo existindo certa limitação na comunicação de nossa parte, a ternura e a alegria por estarmos todos ali revelava a grandiosidade e sabedoria do mestre. Nossas despesas foram gentilmente pagas por ele.

Chegamos a Shizuoka sob o luar. Do Jinja podíamos avistar até os templos que se escondiam na mata. As estrelas brilhavam, o céu escarlate, o ambiente desnorteava nossa percepção tamanha a beleza.

Sentamos na sala e começamos a tomar saquê. Ueno sensei trouxe fitas de músicas do tempo da guerra e entusiasmado nos convidava a acompanhar os gestos e o refrão. Eu, contemplando a alegria dele, seguia a coreografia.

- Estas músicas dão força. - dizia. Entusiasmava-me. Meus professores, presenciando minha animação, pareciam incomodados. Um deles falou:

- Marcelo, você não sabe onde está se metendo... - olhei para ela, mostrando que não entendi a colocação.

Relaxados e alegres, eu e o Sensei, permanecemos cantando. Esse dia, para mim, fora de limpeza, um verdadeiro Missogui. Para o Sensei, uma oportunidade de nos mostrar o que mais amava: "Um dia sagrado, na verdade, são todos os que vivemos com intensidade".

Compreendi que o meu caminho era diferente do trilhado pelos meus professores e que o Mestre compreenderia minhas opções.

Trinta dias se passaram, dias de impressões pessoais e inesquecíveis. Para mim, mais uma oportunidade reservada para aprender. Teria que seguir no ritmo e ao sabor do vento, e as diferenças que nos acompanhavam já algum tempo foram como as rajadas de uma tempestade que definiram a divisão dos caminhos.

Terceira Viagem - 1999

A Forja da Espada

"Cada lâmina de espada forjada, é única... Os artefatos que a adornam dão-lhe a dimensão do seu poder... A bainha a guarda, silenciosa... Não é necessário sacá-la. No aprendizado constante nunca deixa o seu descanso... Por fim reluz gloriosa."

Passaram-se mais dois anos. O fim do relacionamento com minha namorada, logo após a morte de seu pai, me abalara por meses. Aos poucos, percebi que o destino tinha outros planos para minha vida.

O rompimento definitivo com meus professores deixou-me desnorteado, mas logo me proporcionou autonomia e maiores responsabilidades. Agora eu representava Ueno sensei. O dojô da Lins de Vasconcelos estava sob minha responsabilidade, o último lugar onde Sensei ensinara no Brasil.

Meu último treino no dojô em São Paulo, acontecera dois dias depois de meu retorno do Japão. No final do treino, como de costume, conforme a hierarquia de faixas, uns cumprimentavam os outros. Sem esperar, todos os faixas pretas voltaram-se de costas para mim. A partir dali, deixei de frequentar o dojô e concentrei-me no ensino das cento e cinquenta crianças da escola Espaço Aberto e da Roberto Norio.

Em dois meses, Buyo sensei, dono da Wado Kai, ligou questionando a razão da minha ausência. Contei o que houve e coloquei minha decisão. Em apenas dois dias, recebi o telefonema de Ueno sensei. Expliquei tudo na conversa e falei da minha condição de Nidan, pois, não poderia estar à frente de um dojô. Para minha surpresa, ele me autorizou a chefiar o dojô da Wado Kai. Assim, a maioria dos alunos que treinava lá passou a treinar comigo. Os antigos professores tomaram outros rumos. Era o ano de mil novecentos e noventa e oito.

Dia Vinte e Oito de Junho

Agora no aeroporto de Cumbica, seguia novamente rumo ao País do Sol Nascente, com uma bagagem de sofrimento que me fortaleceu. Foram dois anos de caminhos inusitados.

Como se já estivesse escrito, Ueno sensei me convidara a passar a terceira temporada ao seu lado, em sua casa. Seria uma excelente oportunidade para, diante dos olhos de tigre, contar tudo, desde o princípio, mesmo estando sujeito à reprovação.

Não sentia medo, mas uma vontade enorme de explicar os acontecimentos. Necessitava, visceralmente, da opinião e benção dele. O conflito ainda estava vivo dentro de mim, longe de se acomodar. Aquela seria a oportunidade de acabar de vez com esse sentimento.

O que saia da boca dele era a definição do meu caminho no Budô. Identificava-me com a maneira de ser e viver do mestre. A admiração daqueles que conviveram com ele era, em parte, pelo jeito que encarava a vida e os relacionamentos.

Não sentia rancor pelos meus antigos professores, nem pelos fatos desagradáveis que passei. Compreendia que a admiração que todos tinham por ele, era parte de um sentimento próximo da possessão. Até outros professores que, por períodos curtos, tomaram aulas com o Sensei e se ligaram a outras associações, ainda lembravam carinhosamente dele.

Era notória a honra de estar, novamente, ao lado dele, treinando, ouvindo, aprendendo, filosofando. Compreendia a importância da relação entre mestre e discípulo. Para Ueno Sensei, significava permanecer fiel.

A sensação, na hora da partida, era de uma nova fase. Deixava para trás o vento e ia ao encontro da conquista.

A Chegada no Jinja

Desta vez me virei sozinho desde Tóquio. Peguei o trem, pedi informações e sem maiores problemas segui direto de trem bala para Shizuoka.

Na última carta que Sensei me escrevera, disse para que, quando chegasse à estação de Shizuoka, tomasse um táxi e fosse direto para o templo. Na chegada à estação, tinha nas mãos apenas minha sacola de viagem e uma pochete com documentos e dinheiro e, ao invés de tomar um táxi, fui a pé pelas ruas do centro até lá. Queria, desta forma, sentir mais intensamente a sensação de liberdade que não senti há dois anos atrás e nesses novos quarenta dias teria a possibilidade de resgatá-la. O calor e a umidade predominavam, e não demorou para que estivesse ensopado de suor.

Eram umas cinco e meia da tarde e me deparei com a grande rua que terminava em frente ao portal principal do Jinja, cerca de vinte minutos de caminhada.

Reencontraria a imagem suntuosa do templo, como da primeira vez, quando fiquei paralisado por uns instantes na avenida, admirando a profundidade sua extensão. Inevitavelmente, pensei em toda a caminhada até estar ali. Enquanto seguia atento cada lojinha, lembrei também da minha trajetória de vida. Concluía que as dificuldades forjavam meu caráter e tornaram mais firme as minhas certezas, como uma kataná que passa por várias forjas e se torna forte. Sentia-me assim, forte.

O portal mostrava-se novamente. O fim de tarde imprimia brilho aos detalhes dourados. Tudo como na primeira vez. Finalmente cheguei.

Entrando pelo portal, vi o dojô escuro e vazio. Saí pela alameda central e parei de frente ao templo principal. Agradeci a nova oportunidade.

"Obrigado, meu Deus..."

Notei uma movimentação intensa no final da alameda que terminava no uketsuke. Segui. Para minha surpresa, ocorria uma celebração e muitas pessoas se aglomeravam no páteo central. O Jinja estava todo iluminado. Lindo...

Segui para o uketsuke e de longe pude perceber a silhueta do Ueno sensei.

À medida que me aproximava, ele se levantou e seguiu para o beiral da recepção. Já desvendava um sorriso e eu, emocionado, disse:

- Estou aqui de novo.

Segurei as mãos dele e permaneci apertando com firmeza por alguns instantes.

- Como veio até aqui? – perguntou.
- Vim à pé lá da estação. Passeando.

Sensei fez uma cara de admirado.

- Então... Marcero san deve estar com fome, né?
- Hai, sensei!

Entrei pela administração e segui para o refeitório. Na mesa, uma bandeja cheia de sushis e sashimis me aguardava.

- Come bastante e depois sobe para ir à celebração. Hoje tem festa no Jinja até tarde. Você dorme esta noite aqui.

Sensei saiu e deduzi que tinha que permanecer lá em cima para orientar a equipe. Aproveitei o silêncio e a deliciosa comida para relaxar finalmente. Estava ali outra vez.

- Que dia para se chegar ao templo...

Depois de matar a fome subi para o páteo central. Encontrei algumas crianças que de imediato não reconheci. Muitas delas estavam tão crescidas que a fisionomia havia mudado completamente. Asami san, uma garotinha que treinava comigo e participava das aulas de domingo, desde a primeira viagem, sempre distribuindo um lindo sorriso, agora era uma adolescente maior do que eu! Porém, o sorriso sempre simpático continuava infantil.

Assim permaneci contemplando as danças e a celebração. O cheiro do Jinja, como sempre, invadira meus sentidos e me sentia em paz com o mundo.

As Longas Conversas Noturnas

Nas duas primeiras semanas, Sensei evitava conversar sobre o Brasil e, principalmente, sobre o que ocorrera. Toda vez que iniciava o assunto, pedia para enchesse o copo. Embora tivesse vontade de desabafar, ele logo percebia minhas investidas. Assim, a minha vontade diminuía.

Não dei mais importância aos fatos do passado, mesmo porque aqueles sentimentos acabavam por deixar-me cego para as experiências novas dessa viagem. Sentia que para Ueno Sensei pouco importava o que eu tinha a dizer. Ele já sabia de tudo que falaria.

Nas noites, enquanto comíamos e bebíamos, o assunto era o meu futuro. Insistia que era muito importante saber sobre os aspectos religiosos da minha crença e, aí sim, estudar o xintoísmo.

Dizia que era um erro comum se tornar um professor cheio de alunos e com vários dojôs. O verdadeiro sensei, dizia, era aquele capaz de convencer um único aluno para que o seguisse por todo o caminho dentro de uma relação de confiança e honestidade e fidelidade. Os problemas que viriam com o tempo eram para políticos resolverem e não para um sensei. Insistia em dizer que "Cada pessoa é uma pessoa" e deveríamos ser tolerantes e pacientes com todos e que não há preço por uma amizade verdadeira.

Foram noites à dentro, conversando sobre diversos aspectos da vida. E, por fim, apenas escutava atento ao que dizia. Diferente das outras viagens, suas palavras eram muito mais profundas e até difíceis de compreender, mas me enriqueciam.

Em uma noite, enquanto assistíamos o campeonato nacional de Sumô profissional, regados a um delicioso banquete, contei que todas as vezes que visitava a casa dele, voltava para o Brasil pelo menos quatro quilos mais gordo.

Em resposta, Sensei disse:

- E eu, quatro quilos mais magro!

De fato as longas conversas e os períodos de silêncio me nutriam de sensações, emoções e sabedoria que vinham da energia e do espírito do mestre, sinceras como seu nome: Massanao.

A Casa do Sensei

O cunhado de Ueno sensei gostaria de me conhecer e programou quatro dias em Chiba, cidade onde a esposa morava com Naotake san.

Parti numa segunda-feira, bem cedo. Segui as instruções de como se chegar à estação de Tsudanuma e fiquei atento às indicações em Tóquio. A esposa do sensei estaria esperando na estação para juntos seguirmos em uma última conexão até a casa.

Estávamos anotando o roteiro num papel quando, de repente, Sensei se retirou do quarto. Voltou com um envelope e entregou em minhas mãos. Perguntei se poderia abrir e ele consentiu. Trinta mil ienes, para as despesas dos próximos dias.

- Nossa, sensei, é muito dinheiro... – disse assustado. - Eu trouxe dinheiro do Brasil e, por favor, não se preocupe...

Fiquei sem jeito.

- Este é presente para Marcero san.

Não tive coragem de continuar a argumentação. Apenas agradeci, de forma polida, mais uma gentileza.

Massanao Ueno Sensei

Segui então para Chiba assistindo, pela janela do Shinkansen, as paisagens que passavam rapidamente diante dos meus olhos. Depois das conexões bem sucedidas, cheguei à estação de Tsudanuma. A esposa do Sensei estava me esperando na plataforma, como sempre, bem vestida. Seguimos em um trem mais rústico e finalmente chegamos na casa.

Ampla e de muito bom gosto, a residência tinha um jardim de bonsais à frente da entrada principal e, para os padrões japoneses, era muito confortável e ampla. Conheci a sogra de Ueno sensei que já estava me aguardando com um belo café da manhã. O sobrado contava com três quartos no pavilhão superior. Em um deles, Naotake dormia, solenemente.

Bagunçando seus cabelos descoloridos, acordei-o. Conversamos um pouco no quarto e logo estávamos todos comendo na sala. O cunhado do sensei não tardou a chegar. Kei era seu nome. Um senhor de setenta anos que aparentava uma idade muito inferior. Os braços tinham uma musculatura firme e o corpo parecia muito flexível.

Passamos a conversar sobre alpinismo, um hobby que nos aproximava. Talvez Ueno sensei já houvesse comentado qualquer coisa a respeito das minhas atividades preferidas e, assim, ficamos por umas duas horas conversando. Contava das escaladas em rocha que fiz no Brasil e ele relatava sobre os trekkings no Himalaia. Realmente, tinha uma experiência fantástica! Em um momento da entusiamante conversa, perguntou se já tinha esquiado na neve. Obviamente, no Brasil, um país tropical, só se fosse nas areias das dunas de Jenipabú!

Seguimos então para esquiar em pleno verão japonês, num local chamado Skidome. Uma estação completa de esqui, composta de tudo que uma montanha suíça possui. Uma engenharia perfeita!

A neve artificial caía, constantemente, do teto. A temperatura interna da pista mantinha-se em menos cinco graus. O equipamento completo podia ser alugado, desde as roupas até os esquis. Três níveis de inclinação adequadas à habilidade dos que se aventuravam. Um teleférico levava-nos sem esforço até o nível mais íngreme. Kei sensei, como eu o chamava, dava-me dicas sobre a técnica de esquiar e logo peguei o jeito. Como um alucinado por desafios, logo segui para o segundo nível e rolei como um pato ladeira abaixo.

Por dois dias fomos esquiar e permanecíamos o dia todo nos divertindo. Kei sensei me tratava como alguém especial. Levava-me para me divertir, comer boa comida e conversar assuntos de interesse mútuo, quase sempre relacionados ao montanhismo. Ele simplesmente recusava, assim como todos daqui, aceitar ajuda pra dividir as despesas. Pagava tudo.

A bondade era reflexo direto do respeito e consideração que tinha por Ueno sensei. Adquiri a amizade de uma grande pessoa, alguém que também nunca mais esqueceria.

Na casa de Chiba, partilhei da família e dos costumes, admirado pelo carinho e consideração por minha pessoa. Passei a considerá-las como membros da minha própria família.

Retornei para Shizuoka com a esposa do Sensei pensando no porquê de estar me proporcionando tantas alegrias; talvez para que nunca mais o esquecesse. E como poderia?

Selando o Verdadeiro Mussubi

Eu a e esposa do Sensei chegamos em Shizuoka, depois de passarmos o dia em Tóquio visitando o templo de Asakusa. Aproveitei para comprar lembranças típicas aos amigos do Brasil já que, nesse templo budista, a quantidade de lojas e de pessoas fazia lembrar a Rua Vinte e Cinco de Março, em São Paulo.

Entrei em casa e quando o Sensei preparava o jantar. Eu estava radiante pelos quatro dias de divertimento e convívio com os familiares dele. Sem falar na espetacular experiência de esquiar no verão!

Corri na direção dele e dei-lhe um forte abraço.

- Sensei querido, não sei como irei te agradecer por todas estas coisas! - a esposa nos observava começou a rir e Ueno sensei com um garfo na mão me cutucava para largar de seus ombros.

- Marcero san parece macaco, vive querendo abraçar os outros. - sorriu incomodado com meu costume.

Sentamos para jantar e a mesa estava farta. Yukiko san comentava sobre os dias de minha estadia e sobre a relação de amizade que firmei com Kei sensei.

Ansioso em contar sobre a aventura em Chiba, elogiava o cunhado dele pela dedicação e paciência em me orientar sobre os esquis. Sensei parecia muito satisfeito e feliz à medida que Yukiko san descrevia os fatos. Estava novamente me sentindo leve e iluminado.

Ueno sensei virou-se para mim e disse:

- Agora você é parte da minha família.

Meus olhos se encheram de lágrimas e não consegui dizer uma só palavra. Yukiko san disse que, a partir daquele momento, a "sua casa era a minha casa" e estaria aberta para quando quisesse visitar. Sentia o carinho dos que me acolheram e principalmente a preocupação para que não eu esquecesse do que vivi. Uma relação simples se tornara um compromisso de fidelidade baseado na gratuidade, o verdadeiro elemento do Takemussu, o verdadeiro Budô.

Agora, definitivamente, entendia que muito além dos tatames e das técnicas, estavam as relações com as pessoas e essa era o verdadeiro mussubi[55] a convivência harmônica. As técnicas, com a idade, ficariam mais lentas, os dogis se rasgariam, mas a lembrança e o sentimento das pessoas nunca mais sairiam da memória. Tornariam um só em espírito.

---

55 Interação.

A Ida ao Dojo de Tóquio

Tanaka Sensei era um professor de pouco mais de um metro e meio, que ensinava no dojô central de Tóquio. Falou com Ueno sensei pedindo permissão para que fosse treinar por uns dias com ele. Já o conhecia dos anos anteriores, mas nunca tive a oportunidade de treinar com o grupo que conduzia. Sensei me chamara até o uketsuke para combinar minha ida à capital. Marcamos para uma quarta-feira e permaneceria lá por três dias.

Em casa, recebi um telefonema de uma das alunas de lá. Mika san era uma brasileira radicada no Japão há dez anos. Ao atender o telefone iniciamos uma conversa:

- Alô?
- Alô. Nossa! Até que enfim converso em português com alguém da minha terra. - respondi.
- Eu também há muito tempo que não escuto o português. Como está aí em Shizuoka?
- Está muito calor, mas tudo ótimo. O Sensei é um pai pra mim.
- É, eu sei. Todos comentam muito de você por aqui. Nos gashukus anteriores, infelizmente, estava ocupada e não consegui ir até aí, mas todos os que foram, inclusive Tanaka sensei, falou muito da estima que Ueno sensei tem por você.
- Ah, muito obrigado! Tanaka sensei parece ser muito gentil também e pediu para que fosse até aí, né?
- Sim, estarei com vocês também, pois você irá ficar na casa dele até sábado e, junto com esposa dele, faremos alguns passeios.
- Ah, muito obrigado, Mika san.
- Tanaka sensei vai combinar com Ueno sensei o horário do shinkansen para buscá-lo na estação de Tóquio. À tarde, irei até a casa dele e conversaremos mais.

- Estou ansioso em te conhecer. Até lá então. Um beijo.
- Outro.

Finalizamos a conversa e me senti muito bem em falar com alguém do Brasil. Foi aquele diálogo que despertou a saudade da minha pátria.

Acordei cedo e segui a pé para a estação, rumo a Tóquio. No dia anterior, Ueno sensei me acompanhara até a estação para comprar o ticket da viagem.

O horário de partida era 8h30 e, como cheguei muito cedo permaneci na plataforma. Com o dicionário aberto procurava palavras mais complexas para poder me comunicar, formalmente, com Tanaka sensei. Embora Mika san dominasse português, no espaço de tempo que ficaria a sós com ele e a esposa precisava me virar bem.

Minha atenção se dissipava das folhas do dicionário e vagava em pensamentos sobre minha aventura. Ali sentado, estava certo de que sozinho poderia tudo, bastando apenas identificar meu destino. Sentia-me como parte do mundo, com uma liberdade inexplicável, capaz de suportar qualquer coisa, entender e aceitar tudo. Será que este sentimento duraria para sempre?

Sem notar, vejo o shinkansen partir suavemente pelos trilhos e eu, como se fosse o dono do tempo, olhei para o relógio.

- Minha nossa! - gritei – Era o meu shinkansen!

Desesperado, corri como imbecil atrás do trem já distante.

- Matte kudasai[56]!!!

Correndo desesperado, gritava enquanto outros passageiros à espera do próximo trem observavam boquiabertos. Quase no fim da plataforma e consciente do papel ridículo que se figurava, caí na

56 Por favor, espere!

real. Não era o dono do tempo nem aqui nem no Brasil... E ponto final!

Cheguei a Tóquio e, pela plataforma, segui à procura de Tanaka sensei. Seria um pouco complicado encontrá-lo, já que a multidão por metro quadrado era uma das maiores do mundo. Permaneci ao lado de uma escadaria que levava a uma das saídas da estação e, como por um milagre, um senhor franzino, agitado e a passos ligeiros, vem em minha direção. Ele transpirava feito uma esponja e falava junto ao celular com Ueno sensei, preocupadíssimo com o meu atraso. Pedi um milhão de desculpas e expliquei o motivo do desencontro.

Gentilmente sorriu e pediu que conversasse com o Sensei pelo seu celular.

- Alô, sensei?

- Oi. O que aconteceu? – perguntou.

- Puxa, sensei, estava esperando na plataforma o shinkansen e me distraí pensando nas coisas.

- Pensando em que coisas, Marcero san? – novamente me questionou.

- Nas coisas boas daqui, sensei. Aí acabei perdendo o meu trem.

Um silêncio pairou sobre a conversa.

- Você pensa só em coisa boa, mas precisa também pensar em compromisso, né? Você têm cabeça de macaco!

- Peço desculpas, sensei, realmente foi erro meu.

- Não preciso eu de desculpas é o Tanaka sensei quem precisa.

- Pode deixar, sensei, eu pedirei desculpas novamente a ele.

Sensei desligou o telefone como de costume, sem dizer tchau. Seguimos à sua residência explicando detalhadamente o ocorrido. Ele deu risada quando falei sobre a pequena bronca de Ueno sensei.

Chegando ao apartamento, sua esposa já nos esperava com um delicioso desjejum. Conversamos muito por toda manhã e interesse pelo Brasil e pelo nosso Aikidô, faziam seus olhos brilharem. Falava muito de Suzuki sensei e de Ueno sensei. Sentia grande respeito e consideração pelos dois. Mostrou-me sua coleção de katanás e mais de vinte bokkens e jôs[57] cuidadosamente colocados no suporte na parede.

A esposa dele, sempre atenciosa, acomodou minhas coisas em um quarto preparado para minha chegada.

A varanda era ornamentada por um enorme vaso de boca larga, todo trabalhado em detalhes chineses, e uma vasta qualidade de plantas. Para minha surpresa, diversos kingyos[58] coloridos nadavam entre as plantas aquáticas. Passaria horas observando as cores e a delicadeza com que deslizavam.

A casa de Tanaka sensei ficava no centro da cidade, bem próxima de uma estação de trem. O contraste da selva de concreto e barulho era a simplicidade e pequeneza daquele lar, mobiliado com móveis adaptáveis, rica em quadros e shojis[59].

Mika san, sempre simpática e paciente, chegou logo após o almoço e, juntamente com a esposa de Tanaka sensei, fizemos um passeio em Yokohama. Conversamos muito e recordamos o nosso país. O Brasil era o assunto principal.

No dia seguinte, conheci o ginásio de esportes, onde ficava o Dojô. Os tatames, como em Shizuoka, eram montados a cada treino e o espaço era realmente grande.

No treino, éramos umas trinta pessoas. Treinei com todas elas. O que mais me chamou a atenção foi um senhor de cerca de setenta anos que treinava como criança. Possuía um ki puro e potente. Seu jiu waza era limpo e uniforme. Impressionante!

O dia estava realmente quente e meu dogi completamente

---

57 Bastões de madeira curto, utilizados no treinamento de artes marciais.
58 Peixes ornamentais.
59 Luminárias com pinturas e gravuras tradicionais.

ensopado. No final, seguimos para um restaurante, e eu, ao lado de Tanaka sensei, tendo a Mika como intérprete, conversei por horas a respeito da filosofia Takemussu, citando palavras de Ueno sensei, que todos consideravam um homem formidável.

Por fim, alguns me acompanharam até a estação com destino a Shizuoka. Fui tratado como se fosse de porcelana. Na despedida recebi um bokken de presente de Tanaka sensei e um monte de bibelôs dos novos amigos. Abracei Mika e Tanaka sensei com a sensação de que os veria novamente.

O Jantar em Família

Acordei pensando em mais uma gentileza que Ueno sensei me concedera. Maria sensei, minha professora de nihongô do Brasil, estava trabalhando em uma província ao norte do Japão e, como comentei sobre ela, Sensei pediu que entrasse em contato para que, na medida do possível, passasse um final de semana conosco. Para nossa felicidade, ela aceitou nos visitar na semana seguinte. Foram dois dias maravilhosos. Realizei assim o desejo de agradecer, de uma forma muito especial, a paciência e dedicação pelas aulas na Brasvia.

Maria sensei, impressionada com o Jinja, fez questão de traduzir a história de Yeasu Tokugawa, o grande unificador do Japão, contando detalhadamente o que diziam as placas e mostruários no museu do templo.

Em casa falou sobre meu esforço em aprender a língua e, para me agradar, elogiava meu modo de ser.

A esposa do Sensei carinhosamente preparou as refeições, sempre deliciosas, arrumando a mesa com suas melhores porcelanas. A arte com que preparava tudo, tornou o encontro sublime.

Na segunda-feira, após o encontro com Maria sensei, acordei lembrando o final de semana.

- Que sonho!

Logo comecei a ajudar okasan[60] na limpeza da casa, tirando os tatames da sala e colocando do lado de fora do apartamento para que tomassem sol. Passamos toda a manhã fazendo a arrumação e conversando sobre as particularidades de Ueno sensei.

Minha curiosidade de anos anteriores, sobre a infância e adolescência do Sensei era agora saciada pelas histórias contadas por ela. Depois de despachar a sujeira, a casa parecia ter passado por uma reforma.

Sentados no tatame da sala, sob a brisa do fim de tarde, acompanhando um delicioso chá com donut's, okasan me entregou uma caixa com centenas de fotos de Ueno sensei – fotos de várias etapas da vida dele, desde a adolescência.

Passei horas me deliciando naquelas imagens, muitas delas já amarrotadas pelo tempo. Algumas junto com o fundador da nossa arte, Grande Sensei, Morihei Ueshiba. Em uma, em particular, carregava um guarda-chuva protegendo o fundador. Mesmo em preto e branco, as mãos do Mestre e do discípulo pareciam estar em perfeita harmonia, mãos que pareciam emanar fogo.

Naotake san chegou pouco antes das seis da tarde trazido pelo Sensei na van. Ueno sensei tomou banho de ofurô e seguimos juntos para um restaurante nas montanhas.

O jantar na companhia do filho e esposa do Sensei, num lugar lindo e pleno de natureza, dava-me uma sensação de extrema integração. Ueno sensei brincava com conversas e histórias sem importância, deixando refletir satisfação no semblante. Um pai que

60 Mamãe, em japonês

leva a família para um jantar especial em pura doação. Talvez o fizera para que, um dia, quando tivesse a minha própria família, agisse da mesma forma.

Passamos uma das melhores horas juntos, rindo bebendo e comendo, numa alegria sem fim.

Tudo aquilo era extremamente representativo diante da minha história. Era como se Deus tivesse guardado o tempo correto para apresentar-me aquele sentimento que não vivenciei na infância. Senti satisfação de ser importante para alguém.

Refletia sobre meus caminhos e alunos deixados no Brasil, quando uma frase marcou:

- Tudo o que recebe deve sem economia dar aos outros...

Era uma máxima cristã, dita por um monge xintoísta, que nunca esqueceria. Não seria o Takemussu uma linguagem universal? Conscientemente ou não, Ueno sensei fez-me meditar sobre os aspectos da vida e foi um dos maiores aprendizados que recebi.

O DERRADEIRO GOLE DE SAQUÊ

No último treino no dojô, antes de retornar ao Brasil, fiz o exame para terceiro dan com título de Shidoin.

Kodama san fora meu uke e, sob a abafada noite, por quase duas horas, executei as técnicas solicitadas pelo Sensei. Esse fora o exame que me senti mais tranquilo e relaxado, mesmo em alguns momentos que Kodama insistia em bloquear meus movimentos, me segurando com toda a força pelos braços. Quando atacava na forma Shomen uchi, descia o braço com rapidez e potência, mas sempre conseguia dominá-lo.

Não me importava com o resultado da técnica em si, mas queria sentir todo o momento. No final do jiu-waza, não estava ofegante e sim uma leveza incrível.

Por instantes, ficamos descontraídos no tatame, enquanto Sensei se retirou para sua saleta.

Retornou trazendo consigo um tubo que guardava o diploma. Sentado à frente dele, leu pausadamente o reconhecimento pelo título. Olhou-me, curvou-se e o entregou.

Passava a ser San dan Shidoin[61] e responsável pelo dojô. O ideograma, curiosamente, significava "o retorno ao templo para realizar Omairi", "vir para rezar".

No final do treino, como de costume, uma festa estendeu-se até a madrugada. Em meu discurso de despedida, falei poucas palavras. Apenas agradeci novamente a bondade e consideração de todos e que o meu retorno ao Brasil, dessa vez, significaria maior responsabilidade por assumir oficialmente o ensino do Takemussu Aikidô para as crianças e adultos que me aguardavam.

Espontaneamente, disse ao Sensei:

- O senhor tem um discípulo fiel...

Ele me olhou, sorriu e me serviu de saquê.

– Marcero san...

Uma pausa longa antecedeu o gesto de erguer seu copo de saquê, antes de juntos bebemos daquela bebida pura de arroz. Meus olhos novamente ficaram marejados e, percebendo que as lágrimas começariam a rolar, falou:

- Cuidado para não fazer como uma pessoa lá do Brasil que me disse ser meu discípulo e hoje serve a outro, hein?

Embora esse comentário tivesse uma conotação de brincadeira, sabia que era muito sério e assenti com a cabeça, confirmando a compreensão do recado.

---

61   Terceiro grau em faixa preta.

Dia Seis de Agosto

Ueno sensei e Okimura sensei me acompanharam até a estação de Shizuoka. Desta vez, seguiria sozinho até o aeroporto de Narita para retornar ao Brasil.

Na despedida, abracei Okimura san primeiro dizendo um longo "Hasta la vista".

Diante do Sensei abri meus braços e lentamente encostei meu rosto em seu ombro direito, abraçando-o firmemente.

- Obrigado, Sensei, por mais esta vez.

Sensei retribuiu meu abraço e sem dizer nada se despediu sorrindo.

O shinkansen saiu lentamente e vi meu amigo e meu mestre ficando para trás.

A despedida muito simples ressaltou meus sentimentos de fidelidade, compreensão, paciência, alegria, desprendimento, retidão e simplicidade. Com a intenção de explicar fatos para Ueno sensei, referentes aos problemas que enfrentei no Brasil, recebi outra realidade e condições adequadas para vivenciar a cultura e ideologia impregnada naquele lugar. O convívio familiar e as conversas diárias permitiram que me tornasse mais íntimo dele e dos que amava. Foi uma concessão, uma grande honra.

No avião, acordando de um longo sono, olhei para a janela e vi um nascer do sol tão lindo que, por instantes, perdi a visão. O primeiro pensamento que floresceu foi o de renascimento... para uma nova etapa, talvez de um novo homem.

2001 A 2003

EPÍLOGO

Era noite. Novembro de dois mil e um. Sonhei com Ueno sensei. Ele ensinava no dojô do Jinja, trajado com um hakamá branco e demonstrando técnicas de urá. Movimentos estavam plácidos, limpos e extremamente calmos. Mãos brilhantes e semblante translúcido. Acordei e permaneci inquieto.

Não recebia notícias de Ueno sensei há alguns meses. Por vezes liguei para o Jinja e não consegui encontrá-lo. Estava preocupado.

Meu apartamento se enchia com o cheiro do Jinja. Minhas narinas eram tomadas pelo suave aroma da madeira dos templos e sempre quando isso ocorria, não tardava a chegar notícias no Japão.

Comentei com minha esposa e tentei interpretar aquele sonho que me trazia agonia.

Passei a escrever, semanalmente, aos amigos do Japão perguntando se algo diferente acontecia. Nenhuma resposta.

Cheguei a pensar se eu tinha feito alguma coisa errada nos três últimos anos, mas, até então, comunicava tudo ao Sensei.

A última notícia veio por meio de uma fita de vídeo, em outubro do ano anterior, onde ele ensinava as técnicas e comentava detalhadamente o significado das bases xintoístas no waza. Uma fita maravilhosa de quase duas horas. Logo quando a recebi, reuni os alunos do dojô para assistirmos. De casa, telefonei para o Sensei e gritávamos ao telefone para dar a noção de quantas pessoas estavam reunidas para assisti ao vídeo. Sensei perguntava qual era o número exato de alunos lá em casa.

- São mais ou menos vinte, Sensei. - disse no meio da bagunça toda.

- Ah é? Então assista muitas vezes, né? – respondia Sensei do outro lado do mundo.

Foi esta a última vez que conversei com ele por telefone até então.

O Vazio

A preocupação aumentou. Nunca fiquei tanto tempo sem notícias do Japão. Comentei com alguns alunos mais graduados do dojô sobre o sonho, mas jamais podia imaginar o que realmente estava acontecendo.

Passaram-se mais dois meses, até que recebi uma carta do Kei sensei, cunhado do Ueno sensei. Dizia a carta:

> Marcelo san, como vai?
>
> Desculpe a demora de minhas respostas, mas devo te comunicar algo não tão agradável.
>
> Ueno sensei, de um tempo para cá, passou a ficar debilitado e numa certa manhã acordou muito doente.
>
> Yukiko san levou-o para o hospital e foram realizados vários exames clínicos.
>
> O médico, após examinar os laudos, convocou uma reunião com Sensei e a esposa.
>
> Foi diagnosticado que Ueno sensei possui câncer no fígado e será necessária internação para tratamento imediato.
>
> A demora em dar notícias foi um pedido do próprio Sensei para que você não ficasse preocupado, porém, a situação é muito grave e sua esposa preferiu lhe avisar por meu intermédio.
>
> Desculpe a notícia tão desagradável, mas acredito que suas preces ajudarão na recuperação de seu Sensei. Ele muito te estima e sempre fala de você a

todos lá do hombu dojô. Por isso, reze com afinco para que ele logo esteja de volta para ensinar a todos.
Manterei você informado. Por favor, mande-me seu telefone para que possamos conversar com mais detalhes, estou enviando o meu número também.
Takao Kei.

Mal podia acreditar nisso. Como o Sensei, homem de uma energia incrível, podia estar doente? Fiquei revoltado.

A vontade que tinha era ir até lá de dar toda minha energia para sua recuperação.

No dojô, à noite, comuniquei os yudanchas[62] a má notícia e não contive minha tristeza. A partir daí, minhas orações passaram a ser exclusivamente para ele. Kei sensei me escrevia, semanalmente.

Foram meses de luta. Segundo o cunhado dele, após o transplante na China, obteve uma grande recuperação. Consegui conversar com Ueno sensei no telefone enquanto estava internado.

- Preciso de fígado novo... - dizia.
- Se quiser, vou até aí e dou um pedaço do meu... - respondi.

Em julho de dois mil e três, minha esposa estava grávida de quatro meses e tive outro sonho. A filha que esperávamos possuía um olhar lindo e oriental. Era óbvio que seria assim, pois minha mulher é descendente de japoneses. Assim pensei em um nome para a pequena que já se movimentava no ventre dela, cheia de vida. Pensei no ideograma do nome do Ueno sensei. O nome Massanao significa sinceridade. Como por intuição, resolvi ligar para o sensei em um sábado desse mesmo mês e confundi o número do Jinja com o do dojô.

---

62   Faixas pretas.

Para minha surpresa, acontecia um gashukku de verão e Ueno sensei estava presente. Conversei com ele e contou que seu fígado estava "novo em folha". Revelei a gravidez da Clarissa e ele me pediu que cuidasse bem dela. Fiquei emocionado em ouvir aquelas palavras de regozijo por minha feliz oportunidade.

Foi a última vez que ouvi sua voz...

No dia vinte e três de agosto de dois mil e três, Ueno sensei faleceu.

Recebi a notícia pelo telefone através de Kei sensei. No dia seguinte, Mika san também me telefonou.

Minha filha Naomi nasceu no dia vinte e sete de dezembro de dois mil e três. Seu nome, Naomi, possui o Kanji de "Nao" igual ao do Sensei Massanao Ueno.

Hoje, pensando em tudo que vivi em tantas aventuras fascinantes, afirmo ser privilegiado; na verdade, iluminado. Conhecer um país e pessoas diferentes, experimentar períodos nada convencionais, fez-me transcender o viver diário. Porém, tudo isso foi possível por intermédio da sabedoria de uma figura especial, que se conduziu com o objetivo de tornar os de sua convivência sensíveis à vida.

O sentir de Ueno sensei, transcendia o convencional. Algo que poucos podem entender.

Hoje, enquanto ensino no dojô ou leciono na universidade aos alunos do curso de educação física, procuro traduzir e estimular a capacidade que temos de transcender o normal e o complexo.

Busco transmitir, através da inspiração que recebi de Massanao Ueno, que a verdadeira arte é a arte do amor. Não o amor apaixonante, ao contrário, um amor que exige treinamento, suor, estudo, compreensão, responsabilidade, honestidade, gratuidade, generosidade, desprendimento, dor, muitas vezes lágrimas e até mesmo a morte... O amor ágape.

A dor da perda precoce foi algo que tive dificuldades para assimilar, mas lembrei aos poucos de outros grandes homens que mudaram a História. A lembrança de todos os momentos alegres e de reflexão que o Sensei me proporcionou também contribuiu para minha compreensão de "humanidade". Percebi que cada pessoa é capaz de viver, humanamente, de forma simples e despretensiosa e, mesmo assim, transformar os que os cercam. Foi essa a maior técnica, gratuitamente, ensinada por ele.

Como Sensei ele foi um grande forjador. Conhecia a medida exata da têmpera. Como é bom ter um mestre e o privilégio de conviver com ele!

A grandiosidade da técnica e caráter de Massanao Ueno Sensei marcou a memória de muitos no Brasil como uma magnífica figura humana. Para mim, um ser humano excepcional. Através dele enxerguei a divindade da vida. Exemplo que realçou minhas aspirações.

Um belo dia, convidei um antigo aluno de Ueno Sensei para um treino em homenagem ao nosso falecido mestre. Ele ressaltou que meu waza estava igual ao do Sensei, como se ele fizesse parte de mim.

Na verdade, todos nós fazemos parte uns dos outros. Somos parte do universo, de Deus, de Cristo, do Buda, vivendo sobre um mesmo mundo, Independentemente de nossa cultura ou costumes, partilhamos de uma essência comum, a essência humana.

Lembro dos detalhes, do jeito, do vigor das palavras e golpes do meu mestre. Porém, o mais marcante era o lado mais íntimo e humano, que, apesar da precose passagem, realizou na Terra o maior Missogui: o de viver, intensamente, e seguir o caminho - a maior purificação.

Quando lembro dele, minha casa e o dojô se enchem do aroma do Jinja e deixo meu espírito visitar os confins do Universo e fazer parte do Missogui infinito, da purificação do meu próprio espírito. Talvez me torne uma pessoa melhor.

Enquanto transmito a arte do Aikidô aos meus alunos, sinto um grande entusiasmo em repetir os ensinamentos dele, as formas e as interpretações. A sensação é de uma grande limpeza. Um caminhar constante.

Aquilo que tinha como certo antes de conhecê-lo, foi complementado pela grandiosidade da experiência de vida que compartilhei neste livro.

E como fica mais prazerosa nossa existência! Uma vida cheia de significado. A prática se torna o ato de viver. Acredite, a vida se torna algo realmente significativo.

Como foi bom ter um mestre, viver e permanecer fiel.

Lamento pelos que não tiveram o mesmo privilégio de ter essa figura como referência. Fica um vazio. É como viver sem pai e seguir o caminho sozinho. Esta é a verdadeira solidão.

Todo caminho precisa de um Mestre: Jesus, Buda, Shiva, Amaterasu, pai, mãe, tio, tia, irmã e irmão, amigo, padrinho e madrinha... Um Tigre e caminhar com ele..

O caminho é viver com inteligência humana. Dar dignidade ao que realmente somos: homens!

Neste escrito, agradeço ao Criador pelas oportunidades concedidas... Ao meu querido Mestre de Aikidô que me deu exemplo de como ser um grande homem, no verdadeiro Missogui, o verdadeiro purificar da vida... O Missogui do Tigre...

Caminhando com o Tigre, sobre as rajadas do Vento, na paciência em dar têmpera à Espada. O Missogui de Massanao Ueno Sensei...

FIM

Glossário

- Bokken – Sabre de madeira
- Chawan – porcelanas comuns para uso nas refeições
- Dogi – Vestimenta tradicional para treino
- Dojô – Local onde se pratica a arte marcial tradicional
- Futon – Cobertor parecido com o ededron
- Gaijin – A pessoa estrangeira
- Gambattê Kudasai – Expressão comum que exprime: Esforce-se, vamos lá, empenhe-se!
- Harakiri – Técnica de auto-imolação praticada pelos samurais
- Irashai massê - Seja bem vindo!
- Kamae – Posição postural básica comum no Aikidô
- Kami/ Kamis – Deus (es)
- Kamidana – Relicário que orna os dojôs tradicionais xintoístas
- Kanji – Ideograma de origem chinesa, usado no Japão como um dos alfabetos de comunicação
- Kataná – Espada de samurai

- Kendô – A Arte marcial tradicional das espadas
- Kyudô – Arte marcial tradicional do arco e flecha
- Kote gaeshi – Técnica de torção aplicada no punho do adversário
- Mamoru – Amuletos tradicionais para proteção
- Moti – Bolinho de arroz
- Nihon go – A língua japonesa
- Nihon tsukimashita – Cheguei no Japão
- Ô furo – Banho de imersão comum no Japão
- Onsen – Região ou local de águas termais aquecidas pelo magma dos vulcões.
- Pocari – Marca de refresco famoso no Japão
- Sadô – A cerimônia do Chá
- Shinai – Espada de bambu utilizada na prática do Kendô
- Shiki futon – Espécie de colchão usado para forrar no tatame onde se deita
- Sô desu – Sim, certamente
- Sumimassen – Por favor, com licença
- Swari waza – Técnicas aplicadas com os joelhos apoiados no solo
- Tsumamis – Salgadinhos tradicionais
- Uke – O "sparring" no Aikidô
- Uketsukê – Secretaria
- Xintoísmo – Religião tradicional e original do Japão
- Wazas – Técnicas

Associação Massanao Ueno de Aikidô
Representante Oficial da Takemussu Kai Japonesa no Brasil:

Dojô Central Massanao Ueno
Academia Wado-Kai
www.wadokai.com.br
Av. Lins de Vasconcelos, 1571 - Cambuci
01537-000 - São Paulo - SP
Tel.: (11) 2215-7365

Dojô Zenshin Wellness
www.zenshinwellness.com.br
Rua Capitão Cavalcanti, 307 - V. Mariana
04017-000 - São Paulo - SP
Tel.: (11) 5081-7492

Blog do Marcelo Silva
www.marcelosilva.kimonosdragao.com.br

Esta obra foi composta na fonte Myriad Pro 11/14
e impressa na gráfica Viena, com Papel Offset 90g no miolo
e Papel Cartão Triplex 250g na capa.
São Paulo, Brasil, 2010.